NOSOTROS SOMOS DIOS

EDITED BY

S. SAMUEL TRIFILO

and

LUIS SOTO-RUIZ

Marquette University

Harper & Row, Publishers
New York and London

Nosotros somos Dios

▲▲▲▲▲▲▲▲▲▲▲▲▲▲▲▲▲▲▲▲▲▲▲▲

PIEZA EN DOS ACTOS

▼▼▼▼▼▼▼▼▼▼▼▼▼▼▼▼▼▼▼▼▼▼▼▼▼▼

by

WILBERTO CANTÓN

Library of Congress Catalog Card Number: 66-11272

CONTENTS

Preface   vii

UN MENSAJE AL LECTOR   ix

INTRODUCTION   1
    The Mexican Revolution of 1910   3
    The Mexican Theater Today   11
    Wilberto Cantón   15
    Plays by Wilberto Cantón   19

NOSOTROS SOMOS DIOS   21
    Primer Acto   27
    Segundo Acto   71

OBRA AUXILIAR   113
    Cuestionario   115
    Ejercicios   125

VOCABULARIO   143

PREFACE

Although plays by Spanish dramatists have repeatedly been edited for classroom use in our colleges and universities, very few Mexican plays have been available to American students. This edition of *Nosotros somos Dios*, by Wilberto Cantón (b. 1925), one of Mexico's most successful and best-known dramatists, is meant to help fill this gap.

The present text is intended for college students of second-year Spanish, or for high school students studying the third year. The thrill-packed action set against the historical background of the Mexican Revolution of 1910, and the suspense-filled ending, are sure to hold the attention of the most demanding student. The language, which is good, standard Spanish, does not suffer from excessive use of regionalisms. The dialogue is rich in the use of idioms and the subjunctive mood and offers excellent opportunity for drill.

Since the play deals with historical events, an introduction has been included briefly tracing the background of the Mexican Revolution of 1910 and setting the stage for the action. There follows a brief discussion of the Mexican theater today and a biographical sketch of the author.

Footnotes and a vocabulary have been utilized to clarify difficult constructions and allusions to unfamiliar names and historical events. The *Cuestionario* which follows the text may be used to interpret the action and for conversational practice. In addition, a set of *Ejercicios*, consisting of idiom drills, and grammar exercises emphasizing the subjunctive, has been included for those who wish to cover the play more intensively.

We wish to express our gratitude to the author, Wilberto Cantón, for making this edition available to American students, and for his help and cooperation in its preparation.

S. SAMUEL TRIFILO
LUIS SOTO-RUIZ

Milwaukee, Wisconsin
October, 1965

UN MENSAJE AL LECTOR

Tal cual ha ocurrido en el desarrollo histórico de la literatura en todos los países, el teatro en México ha sido el último en alcanzar su madurez, cuando ya la poesía, la novela, y otros géneros habían producido obras notables y contaban con el aprecio de los críticos y los lectores.

Aunque sus antecedentes se remontan a los tiempos precortesianos y durante la colonia hayan brillado nombres tan ilustres como Juan Ruiz de Alarcón y Sor Juana Inés de la Cruz,† puede afirmarse que hasta el primer cuarto del presente siglo el teatro escrito por autores nacionales se reducía a un ejercicio literario que no llegaba a alcanzar la comunión con el público que este arte necesita para subsistir.

Sin embargo, desde hace unos 30 años han surgido primero algunas figuras aisladas, como Usigli, Villaurrutia y Gorostiza,‡ y posteriormente un grupo cada vez más numeroso y activo de escritores que toman el teatro como una profesión y dedican a él su entusiasmo, su inteligencia y su tiempo.

Gracias a la labor conjunta de todos ellos puede afirmarse que hoy existe en México un teatro nacional que ha podido entrar en diálogo con el público, presentándole problemas, temas y personajes que lo

---

† Juan Ruiz de Alarcón (1580–1639) was a Mexican dramatist, and Sor Juana Inés de la Cruz (1648–1695) a Mexican poetess and dramatist.

‡ Eminent twentieth-century Mexican dramatists (see Introduction).

interesen y lo apasionan en la medida en que pueden ser reconocidos y por lo tanto sujetos a polémica.

Pese que algunos escritores experimentan otros tipos de teatro, en su mayoría los dramaturgos mexicanos han preferido renunciar a perseguir los estilos de moda en otros países de más larga tradición en este aspecto, para consagrarse a un tipo de teatro realista, sincero, y emotivo que es el que el público reclama y espera de ellos.

Nosotros somos Dios puede inscribirse dentro del grupo de obras que salen en busca de una respuesta popular, mediante el planteamiento de preguntas que inquietan a los espectadores sobre su pasado y sobre su presente, sobre la vida que actualmente llevan y sobre que podrían llevar.

Quiero decir que no es una obra histórica en cuanto que se dedique a la exhumación perfecta de un hecho del pasado, sino que, tomando pie en una situación histórica, pretende despertar inquietudes actuales en quienes la lean o la vean representar.

Los estudiantes norteamericanos a quienes esta edición va dedicada no encontrarán en esta pieza novedades técnicas ni alardes vanguardistas; tampoco un frío documento sobre la historia de México en 1913; está construída dentro de las normas del género al que pertenece, tal como han sido trazadas desde Aristóteles hasta los modernos tratadistas, pasando por la muy importante estructura fijada por Ibsen.

Pero lo que sí podrán seguramente percibir es un eco de los ideales de las luchas del pueblo mexicano en busca de una existencia más libre, más justa y democrática; y el testimonio que da un escritor de hoy sobre la vida de su país en el presente siglo.

WILBERTO CANTÓN

México, D. F.
octubre, 1965

▲ ▲ ▲ ▲ ▲ ▲ ▲

Introduction

▼ ▼ ▼ ▼ ▼ ▼ ▼

THE MEXICAN THEATER
TODAY

Although the Mexican theater can trace its beginnings to the preconquest Nahuatl and Maya-Quiché religious farces and pantomimes presented to honor certain gods, the modern theater is of rather recent development.

Until well into the twentieth century, the theater in Mexico was largely dominated and influenced by Spanish drama, customs, and techniques. Mexican theater lovers were not informed concerning what was going on in the theaters of the rest of the world. Everything was oriented toward Spain. Even the actors, though Mexicans, affected the Castilian accent in their efforts to sound like Spaniards. The theaters themselves were in lamentable condition, and practically all needed repairs. In addition, the cost of operating those huge old theaters was so high, that often little profit was made.

With the appearance in the middle twenties of "El Grupo de los Siete Autores," composed of José Joaquín Gamboa, Víctor Manuel Diez Barroso, Carlos Noriega Hope, Francisco Monterde, Ricardo Parada León, and Carlos and Lázaro Lozano García, the Mexican theater acquired a national characteristic. The group reacted against the still preponderant romantic influences. Through their reading of plays by European dramatists such as Ibsen, Strindberg, Hauptmann, Pirandello, Shaw, Benavente, and others, these Mexican playwrights began to orient their theater towards realism. Monterde, a member of the group cited above, writes: "A lo regional del teatro costumbrista precedente, (el grupo) opuso de preferencia el medio urbano, y a lo hispanizante e indigenista...lo criollo. Para eso eligió otros ambientes: el de la clase media, con sus modismos propios y sus giros de lenguaje auténticos, sin deformar la expresión ni desvirtuar el acento, rico en matices" (9:xxvii, vol. 1).

The contemporary theater, however, is generally considered to have had its beginnings in 1928, with the appearance on the scene of the *Teatro de Ulises*. The name "Ulises" was taken from that of a literary review published at that time by two Mexican playwrights, Salvador Novo, and Xavier Villaurrutia. Dedicated to the task of renovating the Mexican theater, these two were soon joined by another half a dozen or so young playwrights with similar ambitions. For this small group, the immediate problem was not the creation of Mexican theater, but to bring the public into contact with good theater in general. As stated by Novo: "Lo que tratamos de hacer es enterar al público mexicano de obras extranjeras que los empresarios locales no se atreven a llevar a sus teatros, porque comprenden que no sería un negocio para ellos..." (8:405, vol. xiii, no. 4).

The *Teatro de Ulises* had very humble beginnings, but high aspirations. Located in a small refurbished hall on Calle Mesones, the theater had only fifty seats. But for the first time, Mexicans were given the opportunity to see plays by some of the world's master playwrights, such as Cocteau, O'Neill, and Lenormand.

Though *Ulises* had a rather quick demise, the seeds of progress had been sown, and before long another group rose to take its place. In 1932, under the auspices of the *Secretaría de Educación Pública*, Celestino Gorostiza, a member of the *Ulises* group, organized the *Teatro de Orientación*. During the four years of its existence, *Orientación*, in addition to bringing to Mexican theater audiences outstanding international theater, also encouraged the production of authentic Mexican plays. The works of such Mexican playwrights as Villaurrutia, Gorostiza, Díaz Dufóo, and Alfonso Reyes were performed. Through the efforts of these two innovating groups, Mexican theater lovers were given a panoramic view of the greatest universal theater of all times. Besides Greek drama and the theater of the Spanish Golden Age, plays were presented by American, English, Irish, French, Italian, and Russian dramatists. In the words of Gorostiza: "...casi no quedó un país, una época, un estilo, una escuela, que no estuvieran representados" (3:31). These two theater groups, which dedicated themselves to renovating and experimental theater, made important contributions to the theater in Mexico, such as: (1) the creation of modern theatrical techniques; (2) the introduction of new playwrights and actors; (3) the formation of a new theater audience; and (4) the establishment of many new, small theaters, most of which had a capacity of less than 200.

Encouraged by the success of *Ulises* and *Orientación*, other experimental groups with similar aims and aspirations were formed. One of these was *Grupo Proa*, founded in 1942 under the leadership of José de Jesús Aceves. This group was instrumental in launching the careers of a number of promising young playwrights, among whom were Luis G. Basurto, María Luisa Algarra, Edmundo Báez, and Wilberto Cantón. From other similar groups emerged dramatists such as Hugo Argüelles, Emilio Carballido, Luisa Josefina Hernández, Sergio Magaña, Ignacio Retes, and Carlos Solórzano, to mention only a few. These dramatists are genuinely interested in creating a truly Mexican theater. Their themes, mostly realistic, reflect the basic problems of contemporary Mexican society. This same tendency is generally true of the post-war theater in other Spanish American countries. According to Solórzano, a member of the group named above, the post-war theater in Spanish America "es un teatro realista que traspone a sus personajes nuestros problemas angustiosos y aspiraciones inalcanzables" (11:74).

Today, the future of the Mexican theater rests on the talent of the young playwrights cited above. Of the innovators belonging to the era of the *Ulises* and *Orientación* groups, only Salvador Novo, Celestino Gorostiza, and Rodolfo Usigli are still active in the theater. Usigli is perhaps the best known of these three to American students because of the school editions that have been made of several of his plays. With the present play, *Nosotros somos Dios*, it is the desire of the editors to present Wilberto Cantón, a playwright who may be considered as representative of the younger generation of writers dedicating themselves to the production of truly Mexican theater.

WORKS DEALING WITH THE
MEXICAN THEATER

1. Basurto, Luis G., *Teatro Mexicano*, Editorial Aguilar, México, 1959.
2. Dauster, Frank, "Contemporary Mexican Theater," *Hispania*, XXXVIII, March, 1955, pp. 31–34.
3. Instituto Nacional de Bellas Artes, *El teatro en México*, Mexico, D.F., 1958.
4. Jones, Willis Knapp, *Breve historia del teatro hispanoamericano*, Manuales Studium, Ediciones de Andrea, México, 1956.
5. Lamb, Ruth S., *Bibliografía del teatro mexicano del siglo XX*, Ediciones de Andrea, México, 1962.
6. Lewis, Allen, *El teatro moderno*, Porrúa, México, 1954.
7. Magaña Esquivel, Antonio, and Ruth S. Lamb, *Breve historia del teatro mexicano*, Manuales Studium, Ediciones de Andrea, México, 1958.
8. Magaña Esquivel, Antonio, "Teatro mexicano contemporáneo," *Revista interamericana de bibliografía*, octubre, 1963.
9. Monterde, Francisco, Antonio Magaña Esquivel, and Celestino Gorostiza, *Teatro mexicano del siglo XX*, 3 vols. Fondo de cultura económica, México, 1956.
10. Nacci, Chris N., *Concepción del mundo en el teatro mexicano del siglo veinte*, Imp. económica, México, 1951.
11. Solórzano, Carlos, *Teatro latinoamericano del siglo XX*, Editorial Nueva Visión, Buenos Aires, 1961.
12. Trifilo, S. Samuel, "The Contemporary Theater in Mexico," *Modern Language Journal*, XLVI, April, 1962, pp. 153–157.
13. Usigli, Rodolfo, *México en el teatro*, Imprenta Mundial, México, 1932.

WILBERTO CANTÓN

Wilberto Cantón is one of Mexico's most promising playwrights, and one of the busiest. In addition to carrying out his duties within the theater department of the Instituto Nacional de Bellas Artes in Mexico City, Cantón also found time to write twelve plays and several volumes of poetry, as well as numerous articles and essays.

Born in Mérida, Yucatán, on July 15, 1925, Cantón was graduated from the National University in Mexico City in 1947 with a degree in law. The following year he went to Paris, where he studied at the Sorbonne, and also traveled extensively in Europe. Upon his return to Mexico, he became active in journalism, and his articles appeared in such newspapers as *Excelsior*, *Novedades*, and *El Nacional*, as well as in various magazines and reviews that included *Letras de México*, *Cuadernos Americanos*, *Siempre*, and many others. Besides having served as director of a number of reviews and publications in Mexico City, Cantón is also a past president of the *Asociación de Críticos de Teatro* (1955). From 1955 on, he was connected with the Instituto Nacional de Bellas Artes, first as assistant director of the drama school operated by the Instituto, then as head of public relations, and finally as head of the theater department, a position he held until January, 1965.

Cantón's theatrical career began in 1948 while a member of the *Grupo Proa*, with a short play entitled *Cuando zarpe el barco*. Two years later, the *Unión Nacional de Autores* introduced him professionally to the theater public by including his play *Saber morir* in its repertoire for that season. This play, which was written in Paris in 1949, pretended to incorporate some of the existentialist theories then in vogue.† Though he showed dramatic sense, Cantón was still far from being a full-fledged playwright.

After four years of silence, Cantón reappeared on the theatrical scene with a farce, *La escuela de cortesanos*, in the "Festival Dramático del Instituto de Bellas Artes" of 1954. The action of this play—which the author calls a "comedia-ballet"—takes place in the Colonial Period in Mexico, and here we begin to perceive Cantón's preference for theater with an historical background. The play deals, in a very humorous vein, with the desires of the Viceroy of New Spain to marry his son to the daughter of a very rich and influential man of the area. Before the wedding can take place, however, a *visitador* arrives, sent by the King, who deposes the Viceroy, and takes away all his powers. However, the Viceroy corrupts the *visitador*—who turns out to be an old rival—succeeds in regaining his position, and the two lovers are able to get married after all. The play is well constructed, and the action, dialogues, and satiric humor are very appropriate to the roles of the caricaturesque characters.

Nocturno a Rosario (1957), is another play in which Cantón makes use of historical characters. Here the subject matter is the romantic legend of the Mexican poet, Manuel Acuña (1849–1873), and the beautiful Rosario de la Peña. In the prologue, Cantón warns us that this is not an "historical play," and that he is making no attempt to reconstruct with exactness the circumstances which motivated the suicide of Acuña. He merely wishes to capture the fiery passion of Acuña's poem "Nocturno a Rosario," in a play dealing with the poet and the muse who inspired him. Nevertheless, the play is vibrant and real. The principal characters—Manuel and Rosario, as

---

† Existentialism is a philosophy which centers on man and his actions in the world in which he lives. A fundamental belief is that man makes himself what he is. Sören Kierkegaard and Martin Heidegger were instrumental in its development. In France, chief exponents of this philosophy have been Sartre and Marcel.

well as their friends, Soledad, Juan de Dios Peza, Agustín F. Cuenca, and Ignacio Ramírez, "El Nigromante," appear to come to life and re-live those tragic hours. The play opens with Rosario receiving the sad news that the poet, Manuel Acuña, has committed suicide because of her. As she reads this last poem, dedicated to her, she goes into a kind of trance during which she reconstructs for us the story of their love. We learn that Acuña, though in love with Rosario, had deceived her by taking a *lavandera*, Soledad, as his mistress. From this union a child had been born, but he died shortly after birth. Distraught over this tragedy, and rejected now by both women, Acuña writes his famous "Nocturno" and then takes poison.

The next three plays written by Cantón were *Pecado mortal* (1957), *Malditos* (1958), and *Inolvidable* (1960). These three plays have in common a starkly frank, realistic commentary on conditions at various levels of contemporary Mexican society. Cantón proves that he is a versatile playwright who has learned how to create and manipulate characters. Licha, for example, as the mother in *Malditos*, quick to justify the delinquency of her children, refuses psychiatric treatment for them, and prays to San Tadeo "para que no les pase nada malo." The maturity of the dramatist is now evident in his skillfully wrought dialogues—some direct and penetrating, others poetic and moving.

With *Tan cerca del cielo* (1961), which enjoyed a long run at the Teatro Virginia Fábregas in Mexico City, Cantón again demonstrates his inclination for drama with an historical background. This play deals with the tragic events surrounding Maximilian and Carlota, and their short-lived dreams of the Empire of Mexico. The play suffers, perhaps, from too many changes of scenery. However, when a playwright bases his drama on actual historical events, it is difficult for him to alter the action radically. This play does lend itself to magnificent visual display, and the pomp and color of the royal palace result in spectacular theater.

Another play with an historical setting is *Nosotros somos Dios*, winner of the Juan Ruiz de Alarcón national drama prize for 1962. This play has as its background the Revolution of 1910, and more specifically, the administration of Victoriano Huerta, after the murder of President Francisco Madero in 1913. During the reign of terror which followed the deposition of Madero, ideals were forgotten and personal greed and desire for power were paramount.

Canton's most recent plays are *Todos somos hermanos* (1963), *Nota roja* (1963), and *Murió por la patria* (1964). Each of these plays has been performed in the capital city. The first, *Todos somos hermanos*, was inspired by Dickens' *Christmas Carol*. *Nota roja* is a denunciation of corrupt politicians, while *Murió por la patria*, a children's play, dramatizes the self-sacrifice of the heroic young cadets who, during the war against the United States in 1847, preferred to die defending Chapultepec rather than surrender to the invaders.

WORKS DEALING WITH WILBERTO CANTÓN

Castro Leal, Antonio, "Wilberto Cantón," *La poesía mexicana moderna*, Fondo de cultura económica, México, 1953.

De María y Campos, Armando, *El teatro de género dramático en la Revolución Mexicana*, Instituto Nacional de Estudios Históricos de la Revolución Mexicana, México, 1957.

Gorostiza, Celestino, Introduction to *Teatro mexicano del siglo XX*, Vol. 3, Fondo de cultura económica, México, 1956.

Magaña Esquivel, Antonio, "Estreno de *Saber Morir*," *El Nacional*, 7 agosto, 1950.

Magaña Esquivel, Antonio, "El Proa Grupo," *Sueño y realidad del teatro*, Ediciones del INBA, México, 1949.

PLAYS BY
WILBERTO CANTÓN

▼ *Cuando zarpe el barco*
   1948: Proa Grupo.
▼ *Saber morir*
   1950: Teatro Ideal, México, D.F.
▼ *Escuela de cortesanos*
   1954: Palacio de Bellas Artes, México, D.F.
▼ *Nocturno a Rosario*
   1956: Teatro Obreros del progreso, Saltillo.
   1957: Sala Chopin, México, D.F.
▼ *Pecado mortal*
   1957: Teatro Juárez, México, D.F.
▼ *Malditos*
   1958: Teatro Degollado, Guadalajara.
▼ *Tan cerca del cielo*
   1961: Teatro Fábregas, México, D.F.
▼ *Inolvidable*
   1962: Teatro Itatí, Buenos Aires, Argentina.
▼ *Nosotros somos Dios*
   1962: Teatro Milán, México, D.F.
   Winner of the Juan Ruiz de Alarcón Prize for the best play
   produced that year.
▼ *Todos somos hermanos*
   1963: Teatro del Bosque, México, D.F.
▼ *Nota roja*
   1963: Teatro Milán, México, D.F.
▼ *Murió por la patria*
   1964: Nuevo Teatro Ideal, México, D.F.

▲ ▲ ▲ ▲ ▲ ▲ ▲

Nosotros somos Dios

▼ ▼ ▼ ▼ ▼ ▼ ▼

PIEZA EN DOS ACTOS

por WILBERTO CANTÓN

A mi padre,
veterano de la Revolución Mexicana.[1]

---

[1] **Revolución Mexicana:** The reference is to the Mexican
Revolution of 1910. (*See* Introduction.)

—"Y no te importa que a unos metros de tu casa un pobre desvalido duerma sin abrigo al relente de la noche. Hasta tus criados se agitan en sus camas porque una digestión torpe les dificulta el sueño y, sin embargo, unas esquinas más allá, en un patio humilde, un anciano se echa a descansar con el estómago vacío por el ayuno de todo un día. El lino, la lana y los cobertores de plumas te dan abrigo en tu blanda cama, y mientras, en una calle cercana, sin más cobijo que las estrellas del cielo ni más indumentaria que la piel, desnuda y tiritante, un niño se muere de frío...

—"Sí, Francisco —musitó la joven—; pero ni tú ni yo vamos a remediar tan tristes faltas.

"—¿Quién si no?[2]

"—Dios, sólo Dios —replicó Clara.

"—Para todas estas cosas, mi pobre Clara —dijo entonces Francisco—, ¡Dios somos nosotros!"

ANTONIO ROS[3] en *El ciego de Asís*.

[2] **¿Quién si no?**   Who will, then?

[3] **Antonio Ros:** A distinguished Spanish doctor living in Mexico City, author of literary works, including *El ciego de Asís*, a biography of St. Francis of Assisi, from which the introductory excerpt is taken.

CLARA

LAURA

CARLOS

DON JUSTO

LUISITO

CRIADO

CORONEL PAEZ

OCTAVIO

CAPITAN AGUIRRE

PRIMER ACTO

Primer cuadro: el 1º de mayo de 1913, a las siete de la noche.

Segundo cuadro: el 30 de enero de 1914, por la noche.

SEGUNDO ACTO

Primer cuadro: el 7 de noviembre de 1914, a las ocho de la noche.

Segundo cuadro: el día siguiente, por la mañana.

ESCENARIO UNICO

Los últimos años del siglo XIX y los primeros del XX vieron crecer, en la Ciudad de México, un barrio —una "colonia," como aquí se dice— representativa de la nueva

23

Middle class

burguesía, con pretensiones de aristocracia, que surgía al
Shelter
amparo del gobierno "porfirista":[4] la colonia Juárez,[5]
imitación rastacuera y pintoresca de un "quartier" de Paris.

En los días que vivimos, esta zona ha perdido ya su
carácter residencial; su paz fue destruida por la invasión
del comercio elegante y su unidad arquitectónica por
la construcción de numerosos edificios de arquitectura
"funcional" que aprovechan,[6] elevándose en altura, el
creciente encarecimiento del terreno.

Pero en la época en que se desarrolla la acción de esta
pieza (1913–1914), la colonia Juárez estaba en plena lozanía,
sus casas (techos altos, ventanas esbeltas, fachadas de
cuidadosa ornamentación rematadas por la típica, negruzca
buhardilla parisién que esperaba en vano la nieve que nunca
caía del clemente cielo); sus calles, que ya tenían hilos tele-
fónicos y eran cruzadas ya por automóviles; su situación
relativamente alejada del centro de una ciudad todavía
pequeña y con aire provinciano, reverso de la brillante
medalla que hoy relumbra orgullosa con sus seis millones
de habitantes, sus larguísimas avenidas, sus viaductos, sus
pasos a desnivel,[7] sus jardines y sus fuentes; todo en ella

[4] **gobierno porfirista:** the government of Porfirio Díaz,
Mexican general who fought against the French and was elected
President of the nation in 1876. He made himself a dictator and was
deposed in 1911 as a result of the Revolution of 1910.

[5] **colonia Juárez:** a district in Mexico City named after
Benito Juárez (1806–1872), full-blooded Zapotec Indian who became President of Mexico in 1861. He fought against Maximilian
from 1864 to 1867, after which he again became President.

[6] **que aprovechan:** A clearer way to express the same thought
would be **que burlan,** i.e., "which offset."

[7] **pasos a desnivel:** underpasses or multiple level roads.

hablaba de la riqueza de sus moradores y del "progreso" habido en treinta años de paz, progreso superficial y ficticio del que se beneficiaban unos cuantos privilegiados, cuya ilusión caería por tierra cuando la Revolución mostró la verdad de un pueblo oprimido, hambriento y colérico.

En la colonia Juárez —donde hasta la mexicanidad del apellido que ostenta fue traicionada al bautizar sus calles con nombres europeos: París, Havre, Berlín, Sevilla, Lisboa, etc.— estaba el "chalet" que construyó don Justo Alvarez del Prado, próspero abogado a quien recurrían nacionales y extranjeros cuando traían entre manos algún asunto que requiriera "influencias."

Don Justo tenía las mejores relaciones; las puertas de los palacios más estrictos se le abrían y en no pocas oficinas encumbradas tenía derecho de picaporte.[8] Su fortuna nació y creció a la sombra protectora de don Porfirio, de quien se rumoreaba que no sólo era amigo sino pariente y hasta consejero; pero su despacho no decayó durante el "maderismo";[9] no sufrió en sus negocios reveses ni en sus bienes mengua.

Al llegar al poder el general Victoriano Huerta[10] —después de los asesinatos de Madero y Pino Suárez[11]— fue llamado a ocupar una cartera en el Gabinete Presidencial, en recompensa a los buenos oficios que realizó para el

---

[8] **derecho de picaporte:** the right to enter.

[9] **maderismo:** the administration of Francisco I. Madero, President of Mexico 1911–1913. (*See* Introduction.)

[10] **Victoriano Huerta:** Mexican general who became President after the incumbent Francisco I. Madero. (*See* Introduction.)

[11] **Pino Suárez:** José Pino Suárez, Vice-President under Madero, assassinated at the same time as the latter.

entendimiento secreto entre aquél y Félix Díaz,[12] en los aciagos días de la Decena Trágica.[13]

Lo que el espectador ve de la casa de don Justo es un salón interior muy amplio, alto de techos, las paredes tapizadas con papel de tonos sombríos, un gran arco al fondo comunica con un pasillo que a su vez tiene salida a la terraza (por el fondo también), al vestíbulo (por la derecha) y a las habitaciones interiores (por la izquierda). En primer término, a izquierda y derecha, sendas puertas.[14]

Los muebles, de caoba y brocado, son los de rigor:[15] sofá, sillones, sillas, jugueteros llenos de finas porcelanas; sobre una mesita hay un teléfono; en las paredes, retratos de familia, copias de cuadros académicos y un espejo en cuyo marco sonríen angelotes dorados. Al centro de la habitación cuelga un gran candil de prismas.[16] En la ventana y en las puertas, cortinas de terciopelo.

Izquierda y derecha, las del espectador.

[12] **Félix Díaz:** Nephew and chief of police of Porfirio Díaz; he led an uprising against Madero in February, 1913.

[13] **Decena Trágica:** The tragic ten days of fighting (February 9–18, 1913) between the supporters of Félix Díaz and the government troops under Huerta. (*See* Introduction.)

[14] **sendas puertas:** a door on each side.

[15] **los de rigor:** the customary ones.

[16] **candil de prismas:** cut glass chandelier.

PRIMER ACTO

PRIMER CUADRO

*Son las siete de la noche del día 1º de mayo de
1913. Las últimas luces del crepúsculo entran por la
ventana abierta e iluminan a Clara y a Laura, su
hija; la primera, que está hablando por teléfono, es
una dama fina, elegante, que luce con muy buen
porte sus cuarenta y tantos años; la segunda, una
muchacha que apenas llegará a los veinte y tiene en
toda su frescura juvenil la belleza que en la madre
comienza a marchitarse.*

CLARA. (*Muy nerviosa, en el teléfono.*) ¡Ah, no lo ha
visto!... Desde las ocho... De la mañana, por supuesto...
Sí, sí... No es que me preocupe demasiado, pero usted
comprenderá que... Gracias... Muchas gracias... Si sabe
algo no vacile en llamarme a cualquier hora... Sí... Sí...   5
Le quedo muy agradecida. Adiós. (*Cuelga. Casi para sí
misma, murmura.*) No sabe nada. (*A Laura.*) Vuelve a llamar
a tu padre, por favor.

LAURA. Pero, mamá, ¿otra vez?

CLARA. Tal vez ha sabido algo.   10

LAURA. Será ya la sexta vez, mamá.

CLARA. (*Imperiosa.*) No importa. Llámalo.

LAURA. Como quieras (*en el teléfono*) L–7–19, señorita.
(*A Clara.*) Pensará que estamos locas. (*Al teléfono.*) ¿Bueno?

27

Sí. ¿Está el señor Ministro?... De parte de su hija[1]...
¿Cómo?... Muchas gracias. (*Cuelga.*) Acaba de salir.

CLARA. Tal vez venga para acá.

LAURA. Ojalá.

5   CLARA. ¿Sabes qué se me occure?

LAURA. ¿Otra llamada?

CLARA. La señora Calderón.

LAURA. Pero, mamá, si esa pobre mujer vive como en otro mundo desde que mataron a su marido en la
10   Ciudadela.[2]

CLARA. ¿Y eso qué? Puede saber algo, pueden haberle contado... (*Está ya en el teléfono.*) X–7–23, señorita.

LAURA. ¿Pero quién?

CLARA. Cualquiera. Como tiene teléfono... No sé por
15   qué no todos ponen teléfonos en sus casas...

LAURA. Tal vez para no recibir llamadas como ésta.

CLARA. (*Al teléfono.*) ¿Bueno? ¿La casa de la señora Calderón?... ¿Está ella? De parte de la señora Alvarez del Prado... Gracias... (*A Laura.*) Ya estaba acostada. Van a
20   llamarla.

LAURA. ¡La pobre!

CLARA. ¡Acostarse a esta hora!... ¿Bueno? ¿La señora Calderón?... No se asuste, señora. Habla la señora Alvarez del Prado... Pues sí, mucho tiempo... Perdone que la
25   llame tan intempestivamente, pero pienso que tal vez pueda ayudarme. Verá usted: en los escándalos de hoy en la mañana... ¿Cómo? (*A Laura.*) No se enteró de nada.

---

[1] **De parte de su hija:** This is his daughter calling.

[2] **Ciudadela:** an old building still in existence in Mexico City in which the troops of Félix Díaz took refuge during the tragic ten days of fighting.

LAURA. Por supuesto.[3]

CLARA. (*Al teléfono.*) Fue una manifestación organizada por la Casa del Obrero Mundial[4]... ¿Motivo? ¿Acaso necesitan motivos para alborotar? Que porque hoy es primero de mayo... Aniversario de que mataron a no sé qué obreros en Estados Unidos... Claro que no tiene nada que ver,[5] pero ellos organizaron una manifestación y la policía llegó a disolverla y se armó la de Dios es Cristo[6]... Bueno, pues desde la mañana desapareció mi hijo, el más chico... No; ése es Carlos; el chico se llama Luis... (*Alzando los ojos al cielo en señal de aburrimiento.*) ¡Ya tiene nueve años!... Por supuesto que no estaba en la manifestación; salió para la escuela y... (*Furiosa.*) Pero, señora, por favor, déjeme hablar... (*Se controla.*) Disculpe, disculpe... Le decía que Luisito salió de casa desde las ocho de la mañana y hasta ahora no ha vuelto... Claro que no sé dónde pueda haber ido. Temo que le haya pasado algo y... pensé que tal vez usted... No, no sabe nada... Bueno... Un Rosario y dos Magníficas[7]... se lo agradezco mucho... Sí, no saldré de casa. Gracias... (*Cuelga.*) No es posible que haya desaparecido. Alguien tiene que saber su paradero.

---

[3] **Por supuesto:** Of course.

[4] **Casa del Obrero Mundial:** center of social propaganda founded in Mexico when workers were allowed to unionize after Madero became President.

[5] **no tiene nada que ver:** it has nothing to do with (that).

[6] **se armó la de Dios es Cristo:** popular saying with reference to the theological argument of God and Christ being one. Means roughly "all hell broke loose."

[7] **Un Rosario y dos Magníficas:** A Rosary and two Magnificats (prayers to the Virgin Mary).

LAURA. Pues sí; pero hay que esperar un poco. Procura calmarte.

CLARA. ¡Calmarme! Cuando te cases y tengas un hijo, verás lo que se siente en un caso así.

LAURA. ¡Cuando me case! Quién sabe cuántos años faltan para eso.

CLARA. ¿Por qué años? Falta nada más que te decidas.

LAURA. ¿A casarme con Milito Carral?

CLARA. Naturalmente.

LAURA. No, gracias. Prefiero quedarme solterona.

CLARA. Bueno, eso es cosa tuya. Porque lo que es con ese muchacho... ¿Cómo se llama?... Octavio, no vas a poder casarte.

LAURA. Pero, ¿por qué?

CLARA. Ay, mira, bastantes preocupaciones tengo hoy para que vuelvas a hablarme de ese asunto.

LAURA. Nunca, ni tú ni papá, han podido darme una razón válida para prohibir a Octavio visitarnos.

CLARA. A tu papá no le gusta para ti.

LAURA. Pero, ¿qué razón puede dar para eso? Si fuera un tarambana, un jugador, un borracho, si tuviera algo que reprocharle, me explicaría que papá no lo aceptara. Pero si es un muchacho honrado, trabajador, con un título, ¿por qué me prohibe verlo?

CLARA. Hay la cuestión política.

LAURA. ¿Cuál?

CLARA. Ese muchacho fue maderista y ahora anda metido[8] con los enemigos del Gobierno. Tu padre no quiere que su yerno sea un anarquista.

LAURA. ¡Anarquista!

[8] **anda metido:** he is involved, mixed up, embroiled.

CLARA. Y hay también la cuestión social.

LAURA. ¿Cuál?

CLARA. Tu padre quiere para ti un marido de tu misma clase.

LAURA. ¿Por qué? 5

CLARA. Es preferible. De veras. Cualquiera puede decírtelo. Milito Carral es un joven muy bien educado, habla varios idiomas, ha estado en Europa, y además su familia es de lo mejor de México y te aseguro que te tendrían como a una princesa, porque son riquísimos. 10

LAURA. Pues yo no voy a venderme por su familia y sus riquezas.

CLARA. ¿Qué dices?

LAURA. Que no me casaré con él.

CLARA. ¿Y si tu padre te lo ordena? 15

LAURA. Mamá, tengo veinte años. No puedo obedecer con los ojos cerrados cuando se trata de lo más importante para mí.

CLARA. Aunque tuvieras cincuenta, tienes que obedecer a tu padre. 20

LAURA. ¿Aunque me condene a ser infeliz toda la vida?

CLARA. ¿Acaso crees que tú sola puedes hallar la felicidad, sin la ayuda, sin la guía de tus padres?

LAURA. Tal vez sí.

CLARA. ¡Cállate, Laura! Ya sabes que en esta casa no 25
aceptamos ideas modernas. Nosotros estamos chapados a la antigua.⁹ Por eso tus hermanos y tú tienen que portarse como Dios manda.¹⁰

---

⁹ **chapados a la antigua:** old-fashioned.

¹⁰ **como Dios manda:** the proper way, the way you are supposed to, according to your status.

LAURA.   Estamos en 1913, mamá. Los tiempos cambian.

CLARA.   ¡Ahora sales con eso! Cambian, sí, para empeorar; y luego es necesario volver a lo bueno, a lo eterno,
al orden. Ya ves la locura que vivimos en los dos años de
5 maderismo. Desde que se fue don Porfirio —¡Dios lo
bendiga!— no hemos tenido más que disgustos y escándalos, problemas, dificultades... Y no lo digo por nosotros,
que bastante bien librados salimos,[11] gracias a la posición
de tu padre, sino por todos, por el país entero. Y para
10 rematar,[12] aquellos días de batalla en plena ciudad de
México. ¿Cuándo se había visto? Cañonazos sobre las
casas de familia, las gentes pacíficas que mueren como
moscas, duelo en quién sabe cuántos hogares y hambre en
todos, porque ni siquiera podía comprarse de comer. ¡El
15 acabóse![13] Gracias a Dios que ya tenemos un gobierno
fuerte y pronto han de volver los buenos tiempos.

LAURA.   Pues ya ves el día de hoy.

CLARA.   Sí, claro. Los agitadores no cesan de molestar.
Pero pronto van a meterlos en cintura[14] a todos, ya lo
20 verás.

Por la puerta del vestíbulo aparece Carlos, muchacho
de 18 años. Se le ve cansado, la ropa y el pelo
en desorden.

CLARA.   (*Al verlo.*) ¡Por fin regresas! ¿Supiste algo?

---

[11] **bastante bien librados salimos:**   we came out quite well.

[12] **Y para rematar:**   And to make things worse, to top everything.

[13] **El acabóse:**   The end.

[14] **meterlos en cintura:**   to bring them to reason.

CARLOS.   (*Entrando.*) Nada.

CLARA.   Traes una cara[15]...

CARLOS.   ¿Crees que ha sido agradable recorrer la ciudad, los hospitales, las comisarías, preguntando por el niño desaparecido?

CLARA.   Había que hacerlo.

CARLOS.   Tal vez. Pero fue inútil.

LAURA.   ¿Viste a Octavio?

CARLOS.   Sí, estuve en su casa.

LAURA.   ¿Está bien?

CARLOS.   Uno que otro golpe[16] sin importancia.

LAURA.   Menos mal.

CLARA.   Que no vaya a saber tu papá que fuiste a casa de ese muchacho, porque no va a gustarle nada. ¿No había visto él a Luisito?

CARLOS.   Ay, mamá, ¿dónde iba él a verlo?

CLARA.   No sé. En la calle...

CARLOS.   No, no lo había visto.

CLARA.   Bueno, si no respiro un poco de aire, creo que voy a estallar. ¡Con este calor!

LAURA.   (*A Clara.*) ¿Quieres comer algo?

CLARA.   No, gracias.

LAURA.   No has probado bocado en todo el día. Una taza de té.

CLARA.   Nada, de veras... (*Sale a la terraza.*)

LAURA.   Ahora dime qué pasa.

CARLOS.   ¿De qué?

LAURA.   Leo en tu cara que algo malo pasa. Se trata de Octavio.

---

[15] **Traes una cara:**   You look so upset.

[16] **Uno que otro golpe:**   a few bruises.

CARLOS.   No, él está bien. De veras.

LAURA.   ¿Entonces?

CARLOS.   Laura, ha llegado el momento en que nosotros también hagamos algo.

5   LAURA.   ¿Qué quieres decir?

CARLOS.   Hasta ahora hemos dejado que nuestros compañeros lo hagan todo; tú y yo, aunque creamos en lo mismo que ellos, no hemos podido actuar.

LAURA.   Por papá. Sería terrible para él si supiera...

10   CARLOS.   ¿Que nosotros no pensamos como él?

LAURA.   Sí.

CARLOS.   En estos momentos, Laura, se está jugando el porvenir de México,[17] que es también nuestro futuro. Y hasta la vida de nuestros compañeros. No podemos

15   quedarnos con los brazos cruzados.[18]

LAURA.   ¿La vida de nuestros compañeros?

CARLOS.   Esta mañana, cuando la policía llegó a disolver la manifestación, arrestaron a muchos, entre ellos a doce estudiantes.

20   LAURA.   ¿De Leyes?

CARLOS.   La mayoría.

LAURA.   ¿Sabes sus nombres?

CARLOS.   No de todos; pero entre ellos están Jorge, Horacio y Diana.

25   LAURA.   ¿Diana? ¡Dios mío!

CARLOS.   Tenemos que hablar con papá, Laura.

LAURA.   Sería una locura.

[17] **se está jugando el porvenir de México:** the future of Mexico is at stake.

[18] **No podemos quedarnos con los brazos cruzados:** We can't remain idle.

CARLOS.   Es necesario. Sólo él puede ayudarlos.

LAURA.   ¿Tú crees que acceda?

CARLOS.   Sí, lo creo.

LAURA.   Nunca nos ha permitido hablar de política.

CARLOS.   Esta será la primera vez.   5

LAURA.   Además, tú sabes... lo que cuentan de él...

CARLOS.   ¿Eso de sus... crímenes?

LAURA.   Sí. ¿Tú lo crees?

CARLOS.   No. Si no pensara que en su corazón hay
generosidad, nobleza, no podría quererlo. Nunca viviría   10
bajo el techo de un asesino.

LAURA.   Sin embargo, aunque en el fondo sea bueno,
como tú dices, pertenece al gobierno de Huerta y no puede
ignorar lo que pasa.

CARLOS.   Esta noche lo sabremos.   15

LAURA.   ¿Te atreverás?

CARLOS.   El creyó, como nosotros, en su pueblo; quiso
verlo libre de la pobreza, del miedo y de la desdicha.
Estos últimos años tal vez lo hayan hecho equivocarse. El
poder ciega y engaña. Pero si encontramos las palabras que   20
despierten lo que hay dormido en su corazón, llegaremos de
veras a ser sus hijos, no sólo por la sangre, sino por los
ideales, por el espíritu.

LAURA.   ¿No será para eso... demasiado tarde?

CARLOS.   No, Laura; nunca es tarde para abrir los ojos a   25
la verdad. El no puede permitir que se vierta sangre
inocente y que doce muchachos mueran por buscar la
justicia y la libertad.

CLARA.   (*Que entra por la terraza.*) Me pareció oír un
coche. Creo que es su papá.   30

Casi simultáneamente, se oye en el vestíbulo la voz
de Don Justo.

DON JUSTO. (*Su voz.*) Estén listos en una hora. Tal vez
tenga que volver a salir.

> *Entra con Luisito, a quien empuja cariñosamente.*
> *Don Justo es un hombre de unos cincuenta años,*
> *lleno de fuerza y vigor. Todo en su porte y en sus*
> *ademanes revela energía, decisión. Viste con extrema*
> *pulcritud y cuidado. Luisito, el menor de la familia,*
> *tiene nueve años y lleva aún la ropa y los libros con*
> *los que salió de casa por la mañana, para ir a la*
> *escuela.*

DON JUSTO. (*A Clara.*) Aquí tienes al delincuente.

CLARA. (*Que tensa e inmóvil esperaba, cuando ve a*
5 *Luisito que avanza tímidamente hacia ella, corre y se arrodilla*
para abrazarlo.) ¡Hijo! (*Lo estrecha, sollozante.*)

DON JUSTO. (*Que se une al grupo y le acaricia a ella los*
cabellos.) Vamos, vamos, no es para tanto.[19] Ya ves que no
le pasó nada. Ni un rasguño siquiera. Te lo traigo sano y
10 salvo.[20] (*Va hacia sus otros dos hijos.*) ¿Y que pasó? ¿No
decías que cuando lo vieras ibas a imponerle quién sabe
qué terribles castigos?

CLARA. (*Que se separa un poco de Luisito y lo toma por los*
brazos, lo sacude un poco y le habla con indignación.) ¿Dónde
15 pasaste todo el día? (*Pequeña pausa.*) Pues voy a hacerte
hablar, aunque sea por la fuerza.

DON JUSTO. (*Sereno, pero enérgico.*) Clara, no quiero que
lo castigues.

[19] **no es para tanto:** you don't have to get so upset.
[20] **sano y salvo:** safe and sound.

CLARA. (*Irónica.*) ¿No? Tal vez merezca un premio, entonces.

CARLOS. Mamá, no hagas una tragedia de algo que no tiene importancia.

CLARA. Ah, porque para ti no tiene importancia. 5

DON JUSTO. Por supuesto que no la tiene. (*Explica a sus hijos.*) Las monjas decidieron suspender las clases en vista de los desórdenes y a Luisito se le ocurrió ir a Tacubaya[21] a casa de su amigo Beto.

CLARA. Sin permiso. 10

DON JUSTO. Pero si es una hora de camino. Lo malo es que se fueron al campo y les agarró una lluvia[22] que los obligó a refugiarse en una casa de donde no pudieron salir en varias horas. Por eso tardó tanto en volver.

CLARA. Podría haber avisado por teléfono. 15

DON JUSTO. ¿Desde Tacubaya? Si no tuviera nueve años, seguramente lo habría hecho.

CLARA. Entonces te parece muy bien que se vaya de la casa sin pedir permiso.

DON JUSTO. No, pero... Cuando fue a verme a la 20 oficina, para pedirme perdón, estaba bañado en lágrimas. Creo que su arrepentimiento es sincero.

CLARA. ¿Y por qué fue a tu oficina, en vez de volver directamente a casa?

LAURA. El Ministerio está frente a la parada de los 25 tranvías, mamá.

DON JUSTO. Además, temblaba ante la idea de enfrentarse contigo.

---

[21] **Tacubaya:** outlying area in Mexico City where soldiers' barracks were located at the time in question.

[22] **les agarró una lluvia:** they were caught in the rain.

CLARA. (*Herida, pero sin enojo, tiernamente.*) ¿Me tienes miedo, Luisito?

LUISITO. (*Asienta, con la cabeza.*)

CLARA. (*Percatándose del error de su conducta, a don Justo.*) Creo que... Bueno, ya pasó todo. Y por suerte[23] está bien el niño, que es lo que importa.

DON JUSTO. Pero, mujer, ¿cómo pensaste que pudiera pasarle algo? ¿Desconfiabas de Dios?

CLARA. No, al contrario. Me he pasado el día encomendándolo a El.

DON JUSTO. Parece que no tuvieras fe bastante, Clara. ¿Acaso Dios podría permitir que le ocurriese alguna desgracia?

CLARA. Es que estuve tan nerviosa todo el día.

CARLOS. Más que nunca, te lo aseguro.

DON JUSTO. (*Enfrentándose a Luisito.*) Bueno, joven, ¿está usted arrepentido de su conducta?

LUISITO. Sí, papá.

DON JUSTO. ¿Y no volverás a ir sin permiso a ninguna parte?

LUISITO. No, papá.

DON JUSTO. (*A Clara.*) Pues llévatelo arriba para que se arregle un poco, que buena falta le hace, y ordena que nos preparen algo de cenar, porque los dos estamos muriéndonos de hambre.

CLARA. (*A Luisito.*) Vamos, paseador. (*A don Justo.*) Perdona la escena.

DON JUSTO. ¿Será la última?

CLARA. Te lo prometo.

---

[23] **por suerte:** luckily.

*Salen ella y Luisito, por el fondo izquierda. Una
pausa. Don Justo pasea preocupado. Los muchachos
no se deciden a hablar.*

DON JUSTO. Es extraño lo que pasa con los hijos. Los
hacemos el objeto de nuestra vida, el fin de todos nuestros
esfuerzos. Y de pronto[24] en un instante, descubrimos que
en alguna forma los hemos defraudado, ofendido. Y se
levantan frente a nosotros, nos juzgan, nos condenan. 5
Parecen volverse nuestros enemigos. No hay defensa
posible: algo profundo se ha roto, el nuevo ser que creamos
y cuidamos reclama su vida propia, que ha de ser la
negación de la nuestra. Y entonces nos preguntamos:
¿cuál fue la ofensa? Y tal vez lleguemos a morir sin tener 10
una respuesta. (*Pequeña pausa.*) ¿Ustedes saben qué motivos
puede tener Luisito para fugarse de la casa?

CARLOS. ¿Para fugarse de la casa?

DON JUSTO. Sí.

LAURA. Entonces lo que le dijiste a mamá... 15

DON JUSTO. Una historia para tranquilizarla, una mentira piadosa.[25] Sufriría mucho si supiera la verdad.

LAURA. Pero, ¿estás seguro?

DON JUSTO. No hubo tal paseo a Tacubaya. La policía
lo encontró en la estación. Hacía mandados[26] a los viajeros 20
para juntar dinero y comprar un pasaje.

LAURA. Qué extraño.

CARLOS. Nunca he sospechado en él ningún disgusto,
ninguna razón para fugarse.

DON JUSTO. Bueno, puede haber sido tan sólo novelería, 25

[24] **de pronto:** suddenly.
[25] **mentira piadosa:** a white lie.
[26] **Hacía mandados:** He was running errands.

afán de aventuras. Será mejor creerlo así. Pero debemos vigilarlo, ayudarlo si tiene algún problema. Sobre todo ustedes, que son jóvenes y pueden inspirarle más confianza. ¿Me lo prometen?

5   LAURA.   Sí, papá. Yo hablaré con él.

DON JUSTO.   Gracias, Laura. Cuento contigo.

CARLOS.   Y conmigo también, papá.

DON JUSTO.   Claro, hijo. Contigo también. Con los dos. (*Los abraza simultáneamente.*) ¡Mis hijos grandes!

10   ¡Los pilares de mi casa! Seré siempre fuerte, si les tengo a ustedes. (*Los suelta.*) Afuera está el mundo, con sus problemas, con sus miserias, con sus desengaños, sus envidias, sus fracasos... Y aquí, tras las cuatro paredes de esta casa, lo eterno, lo que no cambia, lo que tengo la suerte de poseer

15   para siempre: mi familia, el cariño de mis hijos. Gracias, Laura; gracias, Carlos. A ustedes, a su presencia, a su compañía, debo toda la felicidad que tengo en este mundo. (*Transición.*) Bueno, y voy a ver si ya está lista la cena, porque con las angustias de este día me estoy poniendo

20   sentimental. (*Va a salir.*)

CARLOS.   (*Después de cambiar una mirada angustiosa con Laura.*) ¡Papá!

DON JUSTO.   ¿Sí, hijo?

CARLOS.   Papá, necesitamos hablar contigo.

25   DON JUSTO.   ¿Ustedes?

CARLOS.   Sí.

DON JUSTO.   (*Regresa, sorprendido.*) Bueno. Dime.

CARLOS.   Papá, queremos pedirte algo.

DON JUSTO.   Tú dirás.

30   CARLOS.   Algo relacionado con los sucesos de hoy.

DON JUSTO.   ¿Con Luisito?

CARLOS.   No, papá. Los sucesos de hoy en la ciudad.

DON JUSTO.   Ah, los disturbios de esta mañana.

CARLOS.   Sí, papá. Cuando la policía disolvió la manifestación, aprehendieron a varios compañeros nuestros.

DON JUSTO.   Compañeros de clase, quieres decir.   5

CARLOS.   Amigos, ¿me entiendes? Gentes que estimamos... que queremos.

DON JUSTO.   ¡Amigos...! Siempre creí haber cometido un error al acceder al deseo de tu madre y permitir que te quedaras aquí, para asistir a esa Facultad,[27] donde no hay   10
más que anarquistas y revoltosos. Ahora tú me lo estás confirmando: debí mandarlos a los dos al extranjero, separarlos de este medio podrido.[28] ¡Amigos de mi hijo esos agitadores, esos criminales! (*Ante un ademán de Carlos.*) ¡Sí, criminales que exponen a morir a sus compañeros!   15

CARLOS.   Ellos se arriesgan también.

DON JUSTO.   Como si no supiéramos cuál es su técnica: lanzar por delante a los borregos,[29] que ellos reciban los golpes y hasta las balas, porque los inteligentes, los que dirigen, tienen que salvarse. ¡La causa los necesita! (*Transi-*   20
ción.) No volverás a la Facultad, Carlos. Sea como sea, en el próximo barco se irán los dos a Europa.

LAURA.   No, papá.

DON JUSTO.   ¿Qué dices?

LAURA.   Que no iremos, papá. No queremos vivir lejos   25
de aquí.

DON JUSTO.   Ya veo en lo que estás pensando. Mira, hija, a tu hermano le conviene ir a Europa para alejarse de

[27] **Facultad:**   School at a university, in this case the Law School.

[28] **este medio podrido:**   this rotten environment.

[29] **lanzar por delante a los borregos:**   to let the lambs go first.

la porquería en que aquí nos debatimos y formarse en un medio de gente culta, donde halle nuevos horizontes y mejores perspectivas. Pero tú necesitas ese viaje tanto como él.

LAURA.   ¿Para qué, papá?

DON JUSTO.   Para olvidarte de ese mequetrefe que no te deja en paz.

LAURA.   Ni así lo conseguirás, papá.

DON JUSTO.   Uno o dos años en París te harán pensar de otra manera. A tu regreso te reirás de tu obstinación de hoy y comprenderás que los planes que he trazado para tu futuro son el camino de tu verdadera felicidad.

LAURA.   Nunca me casaré con Milito Carral, papá.

DON JUSTO.   Ya veremos.

CARLOS.   Papá, si de veras quieres que sigamos unidos, tienes que saber cómo pensamos... y comprendernos.

DON JUSTO.   Eso hago, hijo. Mi única gran preocupación es que ustedes sean felices.

CARLOS.   Tenemos una vida nuestra, papá. Déjanos vivirla a nuestro modo, con nuestras ideas. Déjanos equivocarnos tal vez; déjanos encontrarnos a nosotros mismos.

DON JUSTO.   Quiero evitar que sufran.

CARLOS.   El sufrimiento es una parte de la vida, papá; déjanos tener el que nos corresponde. Déjanos sentir y pensar por nuestra cuenta.[30] ¡Ayúdanos!

DON JUSTO.   Siempre lo he hecho.

CARLOS.   No, papá; hace poco iba a pedirte algo... lo primero importante que te pido en mi vida... y no quisiste oírme.

DON JUSTO.   Lo de esos muchachos presos.

CARLOS.   Sálvalos, papá. Te lo suplico.

[30] **por nuestra cuenta:** on our own.

Don Justo. No puedo.

Laura. Por favor, papá.

Don Justo. Son enemigos del Gobierno. Agitadores peligrosos.

Carlos. No, papá. Te lo aseguro. Los conozco a todos. 5
Tal vez no piensan igual que tú ahora, pero... Mira, papá,
he leído ese libro que reproduce tus discursos y los artículos
que publicaste en Oaxaca.³¹

Don Justo. "Una ruta a la luz."

Carlos. Ese. 10

Don Justo. Son trabajos de juventud, fruto de la
inexperiencia y de lecturas peligrosas. Hace años hice
recoger toda la edición.

Carlos. Yo encontré un ejemplar en la biblioteca.
Y, ¿sabes, papá? Eso mismo que tú pedías entonces, es lo 15
que queremos hoy los jóvenes: justicia y libertad para
todos, una vida sin miedo y sin miseria, respeto al voto, al
pensamiento... Eso es todo, papá.

Don Justo. Lo dices en una forma que... (*Rehuyendo la
responsabilidad.*) Si tus amigos son inocentes, no tienen nada 20
que temer.

Laura. ¿Vas a ayudarlos, papá?

Don Justo. No puedo. No tengo nada que ver con los
presos políticos.

Carlos. Si caen en manos del coronel Páez, ¿qué va a 25
pasarles?

Don Justo. No lo sé.

Carlos. Todos lo sabemos. Los que salen con vida de
sus garras, quedan inválidos, enfermos, ciegos, destrozados

³¹ **Oaxaca:** Capital of the state of the same name in southern
Mexico.

física y moralmente por los tormentos brutales que les aplican. Páez es una bestia salvaje, papá. Esos muchachos no tienen más delito que amar a su patria. ¿Vas a permitir que los golpeen, que los desfiguren, que los mutilen, que los maten tal vez? Eres Ministro. ¿No puedes impedirlo?

DON JUSTO. (*Después de una pausa.*) Hijo, en un Gobierno hay muchas tareas, muchas responsabilidades. No podemos intervenir en lo que no nos incumbe, a riesgo de crear el caos y perjudicarnos a nosotros mismos. ¿Qué pasaría en esta casa si el "chauffeur" diera órdenes a la cocinera? Alguien tiene que guisar y alguien guiar el automóvil, uno se ocupa de cultivar las rosas y otro de limpiar las letrinas. Yo no quiero saber siquiera la forma en que el Ejército y la Policía cumplen sus funciones. Me basta con que haya paz y garantías en el país.

> *En la pausa entre los dos últimos parlamentos pasa*
> *por el fondo, de izquierda a derecha, un viejo criado*
> *con filipina, que ahora regresa y entra.*

CRIADO. El señor coronel Páez busca al señor.

DON JUSTO. ¿Aquí?

CRIADO. Está allá afuera.

DON JUSTO. Dígale que no puedo recibirlo.

CARLOS. ¡Papá! Habla con él.

DON JUSTO. No. Que me vea mañana en mi despacho.

CRIADO. Muy bien, señor. (*A Laura.*) Señorita, la señora le llama.

LAURA. (*Se levanta.*) Voy en seguida. (*Sale el criado.*) Papá, la visita de Páez parece cosa de la Providencia. Habla con él y salva a los muchachos.

Don Justo.   Si lo hiciera, ¿aceptarías que te visitara el joven Carral?

Laura.   Que venga cuando quieras. Pero nunca me casaré con él. Sólo seré la esposa de Octavio. (*Sale.*)

Carlos.   Por favor, papá. Todavía es tiempo. Que no se vaya Páez. Habla con él.   5

Don Justo.   La política, los negocios, los asuntos oficiales, los trato en el Ministerio. No quiero que a mi casa lleguen los problemas de la calle. Este es nuestro refugio, Carlos. Ayúdame a protegerlo.   10

Carlos.   Pero es la oportunidad de que le digas una palabra en favor de nuestros amigos.

Don Justo.   Ya te dije que no puedo hacerlo.

Carlos.   Pero si a Laura le decías que…

Criado.   (*Que vuelve.*) Perdone el señor, pero el señor   15
coronel Páez no quiere irse. Dice que viene por órdenes del señor Presidente.

Carlos.   Hazlo entrar, papá. Sálvalos.

Criado.   ¿Qué debo decirle?

Don Justo.   Está bien. Que pase.   20

Criado.   Sí, señor. (*Sale.*)

Carlos.   Gracias, papá.

Don Justo.   Todavía no me las des.[32] No te prometo nada.

Carlos.   Sé que vas a ayudarlos. Sólo tienes que decir   25
una palabra. A tí no te cuesta nada. Y puedes salvar la vida de doce muchachos.

Don Justo.   Bueno, ya veremos. Ahora déjame solo con Páez.

---

[32] **Todavía no me las des** (las gracias):   Don't thank me yet.

CARLOS. Sí, papá. (*Va hacia el fondo izquierda.*) Papá...
lo sabía.

DON JUSTO. ¿Qué sabías?

CARLOS. Que yo también podía contar contigo.
5 Siempre unidos, ¿verdad?

> A la sonrisa alegre y agradecida de Carlos, responde
> don Justo con otra sonrisa, triste, culpable; luego
> asiente muy levemente.

CARLOS. Gracias, papá. (*Sale.*)

> Don Justo queda por un momento solo;
> inmediatamente aparece por el fondo derecha el
> coronel Páez, un hombrachón alto y grueso, moreno
> de tipo rudo y modales bruscos.

CORONEL. Buenas noches tenga, jefe.

DON JUSTO. (*Enérgico.*) He dado órdenes de que en mi
casa no se me moleste con asuntos oficiales.

10 CORONEL. Una emergencia, pues.

DON JUSTO. Diga pronto lo que tenga que decir.

CORONEL. Pues que ya andábamos perdiendo al
hombre,[33] jefe.

DON JUSTO. ¿Al Presidente, quiere usted decir?

15 CORONEL. Sí, 'ñor:[34] a mi general Huerta. En nadita
estuvo que lo mataran.[35]

---

[33] **ya andábamos perdiendo al hombre:** we almost lost the
man.

[34] **Sí, 'ñor:** apocopation of *sí, señor* used by uneducated people.

[35] **En nadita estuvo que lo mataran:** A wee bit more and he
would have been killed.

Don Justo.   Pero, ¿cómo?

Coronel.   Una bombita, jefe. Al llegar al Castillo de Chapultepec.[36]

Don Justo.   ¿Y el criminal?

Coronel.   A saber.[37] Parece que tiró la bomba y arrancó a correr[38] entre la oscuridad del bosque.

Don Justo.   Hay que investigar rápidamente. Un atentado así ha de haber sido cuidadosamente preparado. Algún rastro se hallará. Por de pronto, debemos evitar que se conozca la noticia.

Coronel.   Por eso vine, pues. Me manda el hombre.

Don Justo.   ¿Se ha tomado alguna providencia?

Coronel.   Arresté a todos los soldados de guardia en el Castillo, por las dudas.[39] Incomunicados. De todos modos, son testigos. Mejor que no anden por ahí regando el chisme.

Don Justo.   Muy bien. (*Va al teléfono y habla.*) L–7–19, por favor, señorita. (*Mientras le dan la comunicación.*) ¿Se ha ocupado ya de los periódicos?

Coronel.   No, pues. Usted ordenará. A mí esos fregados periodistas me tienen en jabón.[40]

---

[36] **Castillo de Chapultepec:** a castle built on a hill of the same name in Mexico City. The Aztecs called the hill Chapultepec because of the great number of grasshoppers which were prevalent in the area. The castle was begun in 1783 by Viceroy Matías de Gálvez, as a summer palace, and in 1866 was converted into the official residence of emperor Maximilian and his wife Carlota. Nowadays it is a national monument.

[37] **A saber:** Who knows.

[38] **arrancó a correr:** started running.

[39] **por las dudas:** just in case.

[40] **me tienen en jabón:** are giving me a hard time.

DON JUSTO. (*Al teléfono.*) ¿Bueno? ¿Es usted, Rodríguez?... Sí, yo... ¿Conoce ya la noticia del atentado?...
Bueno: hay que impedir que se publique. Vaya usted
personalmente a los diarios... Naturalmente que a todos...
5 Ni una sola palabra, ¿entiende? Y muy breves las
informaciones de la manifestación. Nada de adjetivos.
Ninguna fotografía... ¡Cómo van a resistirse, hombre! Les
recuerda discretamente el subsidio... ¡Ah, sí, *La Voz de
Juárez!*[41]

10 CORONEL. Esos son los meros meros.[42]

DON JUSTO. Sí, son capaces de cualquier cosa esos
locos... No, Rodríguez, no. Nuestra Constitución
garantiza la libertad de expresión. No podemos encarcelar
a un periodista. ¿Qué opinarían de nosotros en el extran-
15 jero? Ya andan diciendo que esto es una dictadura.

CORONEL. Caray, pues sí; tiene razón.

DON JUSTO. (*Siempre al teléfono.*) Si se niega a colaborar,
háblele con calma, dele razones: la seguridad social, las
garantías del individuo, esas cosas... Usted es capaz de
20 convencerlo. Bueno, en último caso, le organiza una mani-
·· festacioncita; pida al Ministro de Guerra un grupo de
soldados sin uniforme... Sí, ya sabe: unos cuantos exal-
·· tados que griten contra el Imperialismo, la dictadura y esas
cosas... Cuide que lleven antorchas. En las imprentas hay
25 muchos materiales inflamables... Pero, por favor, Rodríguez: los bomberos llegarán tarde. Eso corre de su

[41] **La Voz de Juárez:** a newspaper published in those days in
Mexico which was characterized by its revolutionary opinions.

[42] **meros, meros:** Mexican expression meaning top bosses;
mero: (Mex.) the same, the very (one); in other Spanish-speaking
countries, **mere.**

cuenta[43]... "Los talleres de *La voz de Juárez*, reducidos a cenizas." Será una buena noticia que distraerá la atención de la otra, que es peligrosa... Confío en usted, Rodríguez. No lo olvide. (*Cuelga.*)

CORONEL. Sí, 'ñor. Así se hacen las cosas.

DON JUSTO. (*Descuelga de nuevo.*) L–7–19, otra vez, señorita. (*Al coronel.*) Me olvidé de lo más importante. (*Al teléfono.*) ¿Rodríguez? Qué bueno que todavía lo encuentro. Mire, antes que nada, vaya a la Embajada de los Estados Unidos y pídale al Embajador que reúna a los corresponsales extranjeros[44]... Claro: ni una sola palabra... No se preocupe, estarán de acuerdo; es por el bien de todos... Gracias. (*Cuelga.*)

CORONEL. No se le escapa ni una, jefe.[45] Con razón el hombre le tiene tanta confianza.

DON JUSTO. Ahora dígame lo que sepa del atentado.

CORONEL. Pues como saber, saber[46]... Pero sospechar, sí.

DON JUSTO. ¿Y qué sospecha?

CORONEL. A mí todo esto me huele muy mal. En la mañana, manifestación de los de la Casa del Obrero Mundial; en la noche, bomba al Presidente.

DON JUSTO. Sí, no puede ser casual.

---

[43] **Eso corre de su cuenta:** That you must take upon yourself.

[44] **pídale... extranjeros:** ask the ambassador to call together the foreign correspondents. The American ambassador, Henry Lane Wilson, had displayed undiplomatic zeal in urging Madero to resign and in backing Huerta. Wilson resigned his post on August 4, 1913.

[45] **No se le escapa ni una, jefe:** You don't miss anything, chief.

[46] **Pues como saber, saber:** As far as actually knowing.

CORONEL. Estoy seguro de que hubo un plan muy amplio, un verdadero complot contra el Gobierno.

DON JUSTO. ¿Que parte de dónde?

CORONEL. Yo "crioque"[47] de la Universidad. Esos
5 malditos mocosos no se están quietos. Todos los días nos denuncian en reuniones secretas en distintas partes de la ciudad.

DON JUSTO. Si es así, ya ha de saberlo todo.

CORONEL. ¿Yo?

10 DON JUSTO. Al mediodía me informó usted que habían aprehendido a los principales dirigentes estudiantiles.

CORONEL. Bueno, todos no; los que estaban en la manifestación.

DON JUSTO. ¿Cuántos son?

Por la terraza aparece Carlos, pero ellos no lo ven.

15 CORONEL. Doce cabrestos. ¿Y a que no me lo va a creer? Una muchacha es la mera cabecilla. Una tal Diana.

DON JUSTO. ¿Y confesaron?

CORONEL. Todavía no, jefe.

20 DON JUSTO. ¡Pero cómo! Doce chiquillos, una muchacha entre ellos, ¿y todavía no confiesan?

CORONEL. Yo puse mi mejor voluntad, jefe; pero no se pudo.

DON JUSTO. ¿Hizo usted lo que le ordené?

25 CORONEL. Sí, 'ñor, primero por las buenas,[48] y nada.

[47] **crioque:** creo que.
[48] **por las buenas:** in a nice way.

Les pegamos, y nada. Les dimos un estironcito,[49] y nada. Son tercos los cabezones.

Don Justo.   Apriételes más, coronel. Necesitamos saber la verdad.

Coronel.   Ya lo hice, pues. A unos los colgué de los 5 pulgares. A otros les arranqué las uñas.

Don Justo.   ¿Y no hablaron?

Coronel.   Chillaban los canijos, se retorcían, lloraban unos lagrimones así de grandes; pero no decían una palabra. 10

Don Justo.   ¿Y la muchacha?

Coronel.   La encerré encuerada con cinco soldados, de los machitos. Y nada. Todo lo aguantó y no dijo una palabra.

Don Justo.   Hay que hacerla hablar. Invente usted algo. 15

Coronel.   Pues verá. Entre los presos estaba también su hermano, muchacho débil y paliducho que ya se nos andaba muriendo[50] con los golpes. Cuando vi que ni pararse podía, le dije: "Si no hablas, te saco los ojos."

Don Justo.   ¿Y qué contestó? 20

Coronel.   El cabresto, en vez de hablar, me tiró una escupitina a la cara.

Don Justo.   Caramba.

Coronel.   Y eso me dio tanta rabia, que me lancé sobre él y lo hice. 25

Don Justo.   ¿Le sacó los ojos?

Coronel.   Sí. ¿Y sabe qué se me ocurrió? Los puse en un plato y se los llevé a la tal Diana. "Mira —le dije—, son

---

[49] **Les dimos un estironcito:** We tightened the screws on them a little.

[50] **se nos andaba muriendo:** was dying on us.

los ojos de tu hermano. Si te sigues negando a confesar, vamos a matarlo."

Don Justo. ¿Y no confesó?

Coronel. Me dijo: "Si mi hermano se dejó sacar los
5 ojos sin hablar, yo no voy a traicionarlo. Mátenos a los dos." Palabra que los tiene muy bien puestos la mocosa.[51]

Don Justo. Tiene usted toda la noche, coronel. Son doce. Alguno tiene que flaquear. Arránqueles una confesión, sea como sea. Golpéelos, atorméntelos, cástrelos.
10 Pero que hablen, ¿me oye? ¡Que hablen! ¡Tienen que hablar!

Coronel. ¿Y si ni así quieren?

Don Justo. Los fusila usted con la primera luz del alba.

Coronel. ¿Sin sentencia?

15 Don Justo. No sería la primera vez. Los lleva a una carretera, los suelta y luego les dispara por la espalda.

Coronel. La Ley de Fuga,[52] jefe.

Don Justo. ¡No debe quedar vivo ni uno solo!

> *Entra Carlos, que ha escuchado la conversación.*
> *Sufre intensamente por la suerte de sus compañeros,*
> *pero sobre todo por descubrir la verdadera*
> *personalidad de su padre.*

Don Justo. ¡Carlos!
20 Carlos. (*Casi no puede hablar, la emoción le cierra la garganta.*) No, papá. ¡Tú no, papá!

[51] **Palabra que los tiene muy bien puestos** (los pantalones): I'm telling you, she really has guts.
[52] **La Ley de Fuga:** A law making it permissible to shoot a prisoner who is trying to escape.

Don Justo. Tengo que hacerlo, Carlos. Si no los destruyo, ellos nos destruirán a nosotros. Un instante de indecisión podría hacernos perder todo.

Carlos. (*Ya sollozando.*) ¡Papá!

Don Justo. Son ellos o nosotros. No puedo dudar. 5

Carlos. No es posible. ¡Tú no, papá! ¡Tú no!

Don Justo. (*Al coronel.*) Cumpla usted mis órdenes al pie de la letra.[53]

Coronel. (*Saludando, sonríe ferozmente.*) Descuide, jefe. Todo saldrá a su gusto. Sí, 'ñor. 10

TELON

SEGUNDO CUADRO

La noche del 30 de enero de 1914. La luz del salón está apagada, pero no así la del vestíbulo. En la terraza se ve cierta claridad nocturna. Un momento la escena está vacía. En seguida entra, por la terraza, Octavio. Es un joven de unos treinta años, alto, apuesto, pero con la ropa y el pelo en desorden; evidentemente viene huyendo. Da unos pasos por la habitación. Luego se oye la voz de Laura y él se repliega junto a una pared.

Laura. No ha de tardar mamá. Ya es casi la hora de la cena.

Laura entra a escena, por el fondo, izquierda; enciende la luz y va al teléfono. Octavio se adelanta y ella lo ve.

[53] **al pie de la letra:** to the letter.

LAURA. (*Quedo.*) ¡Octavio!

> *Octavio le hace señas de callar. Ella cuelga el*
> *teléfono, va hacia el vestíbulo y dice hacia afuera:*

LAURA. No puedo hablar todavía, mamá. El servicio sigue interrumpido.

> *Vuelve hacia Octavio y lo abraza.*

OCTAVIO. ¡Laura!

5 LAURA. Todo el día sin noticias tuyas, Octavio. ¡Ha sido terrible!

OCTAVIO. También para mí, Laura.

LAURA. Pero ya estás aquí; es lo que importa. Estás a salvo[54] y junto a mí.

10 OCTAVIO. (*Separándose de ella.*) Tengo algo importante que decirte.

LAURA. ¿Algo importante?

OCTAVIO. Sí, Laura. Esta noche me voy de México.

LAURA. ¿Te vas? ¿Adónde?

15 OCTAVIO. Todavía no lo sé. Pero no puedo seguir en la ciudad. La policía me persigue.

LAURA. ¿Por qué?

OCTAVIO. ¿Sabes lo que ocurrió hoy?

LAURA. No, papá no vino a comer y nos mandó un 20 recado diciendo que había nuevos desórdenes; es todo lo que sé.

OCTAVIO. Esta mañana, cuando celebrábamos una sesión del sindicato de carpinteros de la Casa del Obrero Mundial, llegó la policía y por la fuerza disolvió la reunión

---

[54] **Estás a salvo:** You are safe.

y clausuró el local. De los dirigentes, fuimos muy pocos los que escapamos. La mayoría están presos. Yo logré huir por la azotea, junto con otros tres compañeros. Pasé toda la tarde escondido en una bodega. Pero esta misma noche tengo que salir de México. Mañana el Gobierno desatará 5 persecuciones terribles. Todos los que caigan en su poder serán fusilados.

LAURA.   Octavio, si tú te vas, me iré contigo.

OCTAVIO.   Pero, ¿sabes a lo que te expones?

LAURA.   No me importa.   10

OCTAVIO.   Quién sabe cómo pueda llegar hasta los campamentos revolucionarios. Y cuando esté allí, ¿qué vida vas a llevar, entre peligros y batallas?

LAURA.   Hay muchas mujeres que siguen a los revolucionarios.   15

OCTAVIO.   Sí, mi amor; pero son soldaderas, acostumbradas a la pobreza y a las privaciones.

LAURA.   Yo seré tu soldadera. Me acostumbraré a todo.

OCTAVIO.   ¿De veras, Laura? ¿Vendrás conmigo?

LAURA.   Todo antes que separarme de ti.   20

OCTAVIO.   Eso quería oírte decir. Ahora sí me siento fuerte para enfrentarme a todo. Lucharemos juntos. Tu amor será mi coraza.

LAURA.   Entonces, ¿me aceptas a tu lado?

OCTAVIO.   Para siempre, Laura. Nada ya podrá   25 separarnos.

Por el vestíbulo aparece Clara.

CLARA.   Laura, pero, ¿por qué...? (*Descubre a Octavio.*) ¿Usted aquí?

OCTAVIO. Sí, señora. Vine a buscar a Laura.

CLARA. ¿Cómo? ¿Qué quiere decir?

LAURA. Que nos vamos, mamá.

CLARA. Pero, ¿adónde?

OCTAVIO. A la Revolución.

CLARA. Se irá usted. Tú no, Laura; no puedes salir de esta casa.

LAURA. Me voy con Octavio, mamá.

CLARA. Pero, ¿lo has pensado tú? ¿Mi hija? ¿Irte así con él, sin casarte? ¿Qué van a decir de ti? ¿Qué va a opinar tu padre?

LAURA. Ya no me importa nada.

CLARA. ¿Qué ocurre en esta casa? Primero tu hermano, se va sin decir una palabra, sin una explicación. A Luisito lo tuvimos que mandar interno a una escuela. Y ahora tú. Me voy quedando sola. ¿Qué culpa estoy pagando, para que me castiguen así?

LAURA. Lo siento, mamá.

CLARA. Y usted, Octavio, ¿cómo puede permitir que lo acompañe Laura? ¿No sabe usted a qué peligros la expone?

OCTAVIO. Sí, señora. Pero los correremos juntos.[55]

CLARA. Usted es hombre y nada pierde. Pero mi hija, irse así, como una cualquiera…[56]

OCTAVIO. Me casaré con ella, señora. Se lo prometo.

CLARA. Y a la Revolución. A pasar hambres, trabajos, qué sé yo.

LAURA. Estoy decidida, mamá. Nada me hará cambiar.

---

[55] **los correremos juntos:** we shall face them together.

[56] **como una cualquiera:** like a common tramp.

CLARA. Pues yo también estoy decidida a no dejarte salir de esta casa.

LAURA. No podrás impedirlo.

CLARA. No saldrás sin el permiso de tu padre. Afuera hay cuatro soldados de guardia. Si es preciso, ellos impedirán tu fuga.

LAURA. No te atreverás a hacerlo, mamá.

CLARA. Ya lo verás.

OCTAVIO. Señora, ¿y si yo hablara con don Justo?

CLARA. ¿Usted?

OCTAVIO. Sí, para explicarle la situación y pedirle permiso.

CLARA. ¿Cree usted que se lo dará?

OCTAVIO. Me jugaré el todo por el todo.[57]

Del vestíbulo llegan voces confusas.

CLARA. Ahí está él. ¿Se atreverá usted?

OCTAVIO. Sí.

CLARA. Entonces, entre usted allí. (*Señala la puerta de la derecha.*) Nosotras hablaremos primero. Júreme que no saldrá antes que le llamemos. Yo, en cambio, le prometo que mi esposo le oirá.

Las voces que llegan del vestíbulo se hacen inteligibles. Son las de don Justo y el criado.

DON JUSTO. No, no, muchas gracias... La cosa no ha sido grave.

CRIADO. Temíamos alguna desgracia, señor.

[57] **Me jugaré el todo por el todo:** I will risk everything.

DON JUSTO.   ¡Bah!, no hay que alarmarse tan fácilmente. ¿Dónde están las señoras?

CRIADO.   En el salón, señor.

> *Mientras esta breve conversación ocurre afuera,*
> *en la escena Laura toma a Octavio de la mano y lo*
> *hace salir por la puerta que indicó Clara. En seguida*
> *entra don Justo.*

CLARA.   Al fin regresas.

5   DON JUSTO.   (*La va a besar en la frente.*) Ya ves, otro día sin poder venir a la casa. Estos malditos revolucionarios están cambiando todas mis costumbres. (*Besa también en la frente a Laura.*)

CLARA.   ¿Ocurrió algo grave?

10   DON JUSTO.   Nuevos desórdenes. Tuvimos que clausurar la famosa Casa del Obrero Mundial. A ver si cerrado el foco de las conspiraciones acabamos con la agitación.

LAURA.   Pero, ¿por qué no viniste en todo el día?

DON JUSTO.   Tuve que permanecer en la oficina. Casi

15   todos los peces gordos están presos. Algunos se nos escaparon. Pero antes de mañana estarán todos a buen recaudo.[58]

CLARA.   ¿Supiste algo de… de Carlos?

DON JUSTO.   No sé de quién me hablas.

20   CLARA.   ¿No está preso?

DON JUSTO.   No lo sé.

> *Pequeña pausa.*

LAURA.   Papá, tengo que pedirte una cosa.

[58] **a buen recaudo:** under custody.

DON JUSTO. ¿Sí?

LAURA. Se trata de Octavio.

DON JUSTO. Te he prohibido que menciones ante mí el nombre de ese anarquista.

LAURA. Está en un gran peligro.   5

DON JUSTO. Lo supongo. Si todavía está en libertad, no tardará en caer en manos de la policía.

LAURA. Tienes que ayudarlo, papá.

DON JUSTO. No sabes lo que dices.

LAURA. Sólo tú puedes hacerlo.   10

DON JUSTO. No, precisamente soy yo quien menos puede ayudarlo. Octavio es uno de los principales agitadores.

CLARA. Si supieras dónde está, ¿qué harías?

DON JUSTO. Es preferible para él que no lo sepa.   15

CLARA. ¿Qué harías?

DON JUSTO. Tendría que entregarlo.

LAURA. ¿Sabiendo que lo van a matar?

DON JUSTO. Sí.

CLARA. No creo que lo hagas.   20

DON JUSTO. Sería mi obligación.

LAURA. Quiero a Octavio, papá; lo sabes bien. Un día me casaré con él. Necesito que se salve y sólo tú puedes lograrlo.

Entra el Criado.

CRIADO. El coronel Páez desea ver al señor. ¿Puede   25
pasar?

DON JUSTO. (*Mirando a su hija.*) Sí, que pase.

CRIADO. Sí, señor. (*Sale.*)

LAURA. Octavio está aquí, papá.

DON JUSTO.   ¿Aquí?

CLARA.   Vino huyendo, quería llevarse a Laura. Logré impedirlo, pero le prometí que lo escucharías.

DON JUSTO.   ¿Tú se lo prometiste?

5 CLARA.   Sí.

DON JUSTO.   Muy bien. Hablaré con él.

LAURA.   Tendrás que ayudarlo, papá; porque si no... me perderás también a mí.

DON JUSTO.   ¿También a ti?

10 LAURA.   Sí, papá. También yo me alejaré de esta casa, como Carlos, como Luisito. Te quedarás solo con tus riquezas y tu poder. (*A Clara.*) Ven, mamá.

CLARA.   Sí, hija.

LAURA.   No quiero ver a Páez. Apesta a sangre.[59]

> *Salen ambas hacia la derecha.*
> *Un instante después, por la izquierda, entra*
> *el coronel Páez.*

15 DON JUSTO.   Adelante, coronel.

CORONEL.   Gracias, jefe.

DON JUSTO.   ¿Qué novedades trae?

CORONEL.   Verá, pues. Luego que le dejé a usted, ordené concentrar en el cuartel a todos los prisioneros.

20 DON JUSTO.   ¿Son muchos?

CORONEL.   Unos cuarenta. Y algunos heridos, en el hospital.

DON JUSTO.   ¿Qué más?

CORONEL.   Pues que llego al cuartel y empiezo a
25 interrogar a los prisioneros y de pronto, ¿con quién cree usted que me topo?

[59] **Apesta a sangre:**   Reeks with blood.

Don Justo. ¿Con quién?

Coronel. Con su hijo, jefe.

Don Justo. ¿Carlos?

Coronel. El mismo.

Don Justo. ¿Está ileso? 5

Coronel. Un rasguñón en un brazo. Y pues yo pensé:
como las órdenes del hombre son muy claras, si lo dejo con
los demás tendremos que juzgarlo en público y luego
fusilarlo, y pues eso de que el propio hijo de usted ande
metido con los revolucionarios, puede ocasionar un 10
escandalito que no nos va a favorecer mucho, ¿no le
parece?

Don Justo. Cierto.

Coronel. Entonces me dije que lo mejor era traérselo;
y ahí se lo tengo.[60] 15

Don Justo. Gracias, coronel.

Coronel. ¿Lo hago pasar?

Don Justo. Sí, y usted quédese afuera un momento,
mientras hablo con él. Tal vez pueda necesitarle.

Coronel. Muy bien, jefe. Con su licencia. (*Sale.*) 20

> *Queda don Justo solo. Después entra Carlos, con*
> *la ropa desgarrada y sucia y el rostro fatigado; trae*
> *el brazo izquierdo en cabestrillo. Durante un*
> *momento, ninguno habla. Se miran intensamente.*

Don Justo. Bienvenido a esta casa, hijo.

Carlos. Esta no es mi casa.

Don Justo. Siempre lo será. Aunque en este momento
no lo creas. Siéntate. Vamos a hablar.

> *Carlos obedece, sombrío.*

[60] **ahí se lo tengo:** and here he is.

Has estado varios meses lejos de nosotros, hijo, y yo no te he hecho volver a nuestro lado, aunque hubiera podido... (*Ante un gesto del muchacho.*) Sí, hubiera podido; tengo la fuerza bastante para hacerlo.

5   CARLOS.   Hubiera sido inútil.

DON JUSTO.   Por eso quiero que vuelvas a nosotros por tu propia voluntad. No quiero obligarte a nada. Respeto tu libertad.

CARLOS.   Gracias.

10   DON JUSTO.   He estado informado de todos tus movimientos. Supe día con día tus actividades.

CARLOS.   Entonces sabrás por qué no puedo volver a esta casa.

DON JUSTO.   ¿Porque has estado comprometido con los

15   revolucionarios? Mira, hijo, soy muchos años mayor que tú y creo poder leer en tu corazón. Para algo soy tu padre.[61] Aquella noche, cuando te fuiste, no eran tus convicciones revolucionarias las que te alejaban. Hasta entonces habías tenido una cierta inclinación, sentimental o intelectual,

20   hacia esas ideas. Eres muy joven y tienen que impresionarte esas cosas.

CARLOS.   Esas "cosas" es lo único en que creo.

DON JUSTO.   Pero, Carlos, es necesario que comprendas que esas ideas no pueden triunfar en México. La Revolu-

25   ción va a ser derrotada. Tus compañeros están presos. Es la hora de la fuga y de la rectificación. ¿Qué vas a hacer tú?

CARLOS.   Seguir la misma suerte que mis compañeros.

DON JUSTO.   Es absurdo, Carlos; tú no eres uno de ellos.

---

[61] **Para algo soy tu padre:**   I am not your father for nothing, you know.

¿No te das cuenta? Ell~~~ luchan por conseguir lo que tú tienes ya: posición, comodidades, un hogar.

CARLOS. Te equivocas, papá; no luchan por eso.

DON JUSTO. ¿Quieres actuar en la política? Yo te daré un puesto de responsabilidad, desde el que puedas hacer   5
mucho más que participando en mítines y manifestaciones estériles. Tendrás ocasión de probar tus ideas ante la realidad. Serás un hombre útil a tu patria y a tu pueblo. ¿Aceptas?

CARLOS. No, papá.   10

DON JUSTO. ¿Por qué?

CARLOS. Tendría que servir a tu Gobierno.

DON JUSTO. Hijo, desde que te fuiste, esta casa no es ya la misma. Nos haces falta. Haces más falta aquí que en ninguna otra parte. Vuelve y trataremos de olvidar todo.   15

CARLOS. No puedo.

DON JUSTO. ¿No puedes olvidar esa noche?

CARLOS. No es una noche, papá. Es saber que antes y después de esa noche, tú has sido el verdugo de mi pueblo. Que tú has ensangrentado al país. Que tú ordenabas   20
atormentar a mis compañeros. Que tú ordenaste asesinar a Diana. Son demasiadas cosas para poder olvidarlas.

DON JUSTO. Diana era tu novia, ¿verdad?

CARLOS. La quería. Hubiera deseado un día casarme con ella.   25

DON JUSTO. No lo supe a tiempo.

CARLOS. Si lo hubieras sabido, ¿la habrías salvado?

DON JUSTO. (*Pensando en el caso de Octavio y Laura.*) No sé.

CARLOS. ¿Lo ves?   30

DON JUSTO. Hijo, los dos estábamos equivocados. Tú

no eras el niño que yo creía, ni yo el santo que tú soñabas. Bueno, ahora ya nos conocemos. Vamos a aceptarnos como somos.

CARLOS.   No podré aceptar nunca lo que eres.

DON JUSTO.   ¿Crees que no te comprendo, Carlos? ¿Que no he sentido nunca, como tú, deseos de salir, de escaparme de todo y de todos, de ser libre, lejos de esta casa? ¿Crees que no sé lo que es la familia, esta cárcel de ternura? Yo también he soñado en el mundo que está más allá; he pensado en la felicidad, en *otra* felicidad, ¿me entiendes? Y lo mismo le ha pasado a tu mamá, y a tu hermana, y hasta a Luisito, bien lo sabes. Pero uno se rebela, protesta... y se queda. Porque uno mismo ha forjado los barrotes de su celda y contra ellos la fuerza nada puede. En esta familia —en todas las familias— somos a veces felices, a veces desdichados; queremos escapar y encontrar otras gentes, pero seguimos juntos; y cuando alguien rompe la cerradura y da unos pasos afuera, como tú lo has heco, siente al volver que es preferible la prisión, porque perdemos más al vernos solos, entre extraños, perdemos más que los que se quedaron encarcelados.

¿Este discurso ha conmovido a Carlos? Podría creerse
así por un instante; pero de pronto rompe a aplaudir
y habla con una voz extraña, sarcástica, donde se
escucha más el llanto que la risa.

CARLOS.   Bravo, papá, sigues siendo un gran orador; y eres, además, un poeta.

DON JUSTO.   ¿No me crees?

CARLOS.   Páez es indiscreto, papá. Sé por qué me trajo aquí. Por qué quieres hacerme volver a casa; sería un escándalo muy perjudicial que el hijo de un Ministro fuera juzgado y fusilado con los revolucionarios.

DON JUSTO. ¿Eso piensas? (*Pausa.*) Hasta las fieras quieren a sus hijos.

CARLOS. Papá, yo rompí los barrotes de esa cárcel de que hablabas. Fui más allá. Encontré una nueva familia, mucho más grande: pobres hombres explotados que trabajaban de sol a sol sobre una tierra que no es suya; obreros que enriquecen a quienes los matan de hambre; estudiantes que pasan la noche en vela sobre sus libros y al llegar la mañana no tienen un pan que llevarse a la boca... Todo un mundo al que ahora pertenezco y del que no puedo separarme.

DON JUSTO. ¿Pero acaso eres tú el responsable de ese mundo?

CARLOS. Yo soy el responsable. Tú también lo eres. Todos somos responsables.

DON JUSTO. Yo sé que hay injusticias, que hay pobres y ricos, explotadores y oprimidos.

CARLOS. Pero lo aceptas y no luchas por evitarlo.

DON JUSTO. El mundo ha sido siempre así, y así seguirá siendo. No soy yo quien pueda remediar esos errores.

CARLOS. ¿Quién, entonces?

DON JUSTO. Dios, solamente Dios.

CARLOS. Papá, para remediar los males de este mundo, nosotros somos Dios.

Pequeña pausa.

DON JUSTO. No aceptas entonces volver a vivir con nosotros.

CARLOS. No, papá. No podría.

DON JUSTO. ¿Qué quieres hacer?

CARLOS. Volver con mis compañeros. Morir con ellos.

DON JUSTO. ¿Ni siquiera deseas salvar tu vida?

5 CARLOS. No, papá. Es muy poca cosa una vida. Yo quiero mucho más.

DON JUSTO. Está bien. Retírate. El coronel Páez te está esperando.

CARLOS. Adiós, papá.

10 DON JUSTO. Adiós.

Sale Carlos. Desde que don Justo comprendió que había agotado sus argumentos sin lograr convencer a su hijo, su actitud se hiela; resulta demasiado altivo, demasiado duro para ser sincero. Y, en efecto, cuando el muchacho sale, algo en él se quiebra, se deshace; una desesperación muda, sin lágrimas, lo convierte en nada más que un pobre padre que ha perdido a su hijo para siempre. Entonces suena el teléfono y va a contestar.

DON JUSTO. (*Al teléfono.*) ¿Bueno?... Ah, es usted, Rodríguez... Sí... ya veo. Muchas gracias... ¿También se han restablecido las comunicaciones con el interior del país?... Perfectamente... ha sido muy oportuno, porque 15 precisamente necesitaba hablarle... Sí; quiero que avise al Ejército y a la Policía que mi automóvil viajará esta noche a Puebla.[62] Irá escoltándolo el coronel Páez. Nadie debe detenerlos. ¿Entendido?... Bajo su estricta responsabilidad, Rodríguez. Es un asunto de suma importancia... Confío 20 en usted, como siempre. Adiós.

[62] **Puebla:** fourth largest city in Mexico, 65 miles southeast of Mexico City.

Cuelga. Después se acerca a la puerta de la izquierda y abre.

Don Justo.   Pasen.

Entran Clara, Laura y Octavio.

Don Justo.   (*Viendo a este último dudar.*) Entre usted, Octavio.

Octavio.   Gracias.

Clara.   ¿Se fue Páez?   5

Don Justo.   Está afuera, esperando.

Laura.   ¿Esperando a... Octavio?

Don Justo.   Tal vez. (*Piensa un poco.*) Mi esposa le prometió que yo le escucharía, Octavio. Pero como sé muy bien lo que me va a decir, quiero que sea usted quien   10 primero me oiga a mí. Usted es abogado, hombre de leyes y de justicia. Póngase en mi caso.[63] Supongamos que sea usted quien tiene el poder y yo un enemigo del gobierno al que usted pertenece. Si cayera en sus manos, ¿qué haría conmigo? ¿Me salvaría la vida o me entregaría   15 a la justicia?

Octavio.   Lo entregaría.

Laura.   ¡Octavio!

Don Justo.   Ya lo ves, hija; él mismo está señalando mi deber.   20

Laura.   ¡Papá, por favor!

Don Justo.   Pues mire usted lo que son las cosas, Octavio; yo debiera entregarle en manos del coronel Páez; pero no voy a hacerlo. Mi hija me pide que le salve a

---

[63] **Póngase en mi caso:**   Put yourself in my place.

usted la vida y prefiero complacerla a ella antes que cumplir con mi deber. ¿Se lo explica usted?

OCTAVIO.   No, señor.

DON JUSTO.   ¿Y tú, Laura?

5   LAURA.   Yo sí, papá; y te lo agradeceré siempre.

DON JUSTO.   Pero una condición te pongo, Laura: ¿la aceptas?

LAURA.   La que sea, papá.

DON JUSTO.   Que renuncies a la locura de irte con él.

10   LAURA.   ¡Papá!

DON JUSTO.   ¿Aceptas? Cuando regrese, si todavía se quieren, podrán casarse. Cuentan con mi permiso.

LAURA.   (*A Octavio.*) Tengo que aceptar, Octavio. Pero te esperaré siempre.

15   OCTAVIO.   Estamos en sus manos, Laura. Pero volveré muy pronto y entonces nada ni nadie podrá separarnos.

Don Justo va hacia el vestíbulo y llama.

DON JUSTO.   Que vuelva el coronel Páez.

OCTAVIO.   (*A don Justo.*) No sé por qué me salva usted la vida, señor. Pero tengo que decirle una cosa: el agradeci-

20   miento no me hará cambiar mis ideas. Seguiré luchando por lo que creo. Y cuando hayamos vencido, vendré a casarme con Laura.

Aparece el coronel Páez.

DON JUSTO.   Adelante, coronel.

CORONEL.   A sus órdenes, jefe.

25   DON JUSTO.   (*Señalando a Octavio.*) ¿Conoce usted al licenciado Gálvez?

CORONEL.   Ya tenía el gusto. Así se dice, ¿no? Es uno de los que más guerra nos han dado.[64] Tenía ganas de verlo en nuestras manos. De ésta no se escapa,[65] licenciado.

DON JUSTO.   Oigame bien, coronel. El licenciado y el otro prisionero, van a viajar en mi automóvil, hasta Puebla, esta misma noche. 5

CORONEL.   Comprendo, jefe. Un viajecito así es peligroso... Todos los caminos están vigilados. Es difícil que lleguen vivos.

DON JUSTO.   He dado órdenes de que nadie los detenga. 10 Además, usted viajará con ellos, llevando una escolta suficiente para garantizar que nada puede ocurrirles.

CORONEL.   Entendido.

DON JUSTO.   (A Octavio.) Ya en Puebla, ustedes se las ingeniarán para escapar. 15

OCTAVIO.   Me uniré a las tropas revolucionarias, sea como sea.

CORONEL.   Ojalá y no pretendan escaparse antes de llegar a Puebla. Luego uno dispara y dicen que les aplican la Ley Fuga. 20

DON JUSTO.   Tienen que llegar sanos y salvos. Responde usted con su propia vida.

CORONEL.   Sí 'ñor. Ya lo verá.

DON JUSTO.   Puede usted retirarse.

El coronel Páez saluda y sale. Octavio lo sigue.

LAURA.   ¿Me permites salir a despedirlo, papá? 25

[64] **Es uno de los que más guerra nos han dado:** He is one of those who have given us the most trouble.

[65] **De ésta no se escapa:** You won't get out of it this time.

Don Justo. Ve, hija.

Laura. Gracias. (*Sale.*)

Clara. Has sido muy generoso.

Don Justo. Suponte que lo hubiera yo entregado, ¿qué iba a pasar?

Clara. No sé.

Don Justo. Lo más probable es que lo mataran y entonces mi hija comenzaría a odiarme y se pasaría la vida pensando en su héroe sacrificado.

Clara. Sí, es cierto.

Don Justo. En cambio, así, conservo el cariño de mi hija y al impertinente ése lo mando a la Revolución. Nunca más ha de volver. Y en su ausencia convenceremos a Laura de que se case con el joven Carral. (*Pequeña pausa.*) ¿Sabes quién se fue con él?

Clara. No.

Don Justo. Tu hijo, Clara.

Clara. ¿Carlos?

Don Justo. Sí, estaba entre los prisioneros; también a él le salvé la vida. Me lo agradecerá algún día.

Clara. Gracias... Gracias...

TELON

SEGUNDO ACTO

PRIMER CUADRO

*La sala de la casa de don Justo Alvarez del Prado,
siendo la misma, parece transformada: los muebles
han sido cambiados de lugar, las cortinas son
nuevas; llama la atención un gran retrato de don
Venustiano Carranza[1] colocado en lugar preferente.
Es que han transcurrido meses cuya trascendencia en
la vida de la nación tiene que reflejarse en este
hogar, igual que en todos los del país. Son las ocho
de la noche del 7 de noviembre de 1914. Están
encendidas las luces. Sentada en un sillón vecino a
una lámpara, Laura teje. Su aspecto también es
otro; ha madurado: la linda muchacha del primer
acto ahora es una hermosa mujer. Entra Clara, por
la puerta de primer término, izquierda, con el
delantal puesto.*

CLARA.   Pero, ¿sigues en eso? Te quedan muchos meses
para tejer el ajuar del bebé,[2] y en cambio, menos de una
hora para terminar la cena.

---

[1] **Venustiano Carranza** (1860–1920):   governor of the state of
Coahuila who took part in the revolt against Huerta. After the
latter's flight, he became head of the government of Mexico. (*See*
Introduction.)

[2] **ajuar del bebé:**   baby layette.

LAURA. Ya voy, mamá; quería acabar esta chambrita.

CLARA. Ya cubrí de merengue el pastel. ¿Vas a escribirle algo encima?

LAURA. Sí, quiero ponerle: "Dos meses de felicidad."

5 CLARA. ¡Dos meses de felicidad! (*Suspira.*)

LAURA. (*Va hacia ella.*) Perdóname, mamá, no quise herirte.

CLARA. ¿Por qué herirme? Comprendo muy bien que seas feliz, y me alegro, hija, me alegro...

10 LAURA. Yo también extraño mucho a papá, me siento muy triste sin él; por estar así, sin noticias suyas siquiera, desde hace tres meses que desapareció; pero a ti no podría engañarte; soy feliz por ser la esposa de Octavio. ¿Entiendes que al mismo tiempo pueda estar triste y contenta?

15 CLARA. Sí, hija, sí.

LAURA. ¿Y me perdonas que yo esté alegre, ahora que tú sufres tanto?

CLARA. No digas tonterías, hija; verte dichosa es lo único que me da algún consuelo.

20 LAURA. Me parece tener el corazón dividido; una mitad está sufriendo por la ausencia de papá; pero la otra late gozosa porque Octavio volvió, queriéndome como siempre; porque al fin pudimos casarnos.

CLARA. ¡Si tu padre hubiera estado con nosotras el día
25 de tu boda!

LAURA. Sí, sólo él me faltó; haber entrado al templo colgada de su brazo.[3]

CLARA. A mí me falta cada día; desde que se fue estoy viviendo como en un sueño horrible, en una pesadilla; no
30 soy yo misma sin él... (*Enjuga una lágrima.*) En fin, Dios

---

[3] **colgada de su brazo:** clinging to his arm.

sabe por qué nos envía estas pruebas. En sus manos estamos. No quiero amargarte más tu pequeña fiesta.

LAURA. No será una fiesta, mamá; estaremos sólo nosotros para celebrar nuestro segundo mes de casados.

CLARA. Bueno, pues vamos a la cocina si quieres que cenemos a su hora.

LAURA. Primero déjame guardar bien mi tejido. No sea que lo encuentre Octavio.[4] (*Va a un mueble y lo encierra con llave en su cajón.*)

CLARA. ¿Todavía no se lo has dicho?

LAURA. No, aún no.

CLARA. Es increíble que tu hermano y yo lo sepamos y él todavía no.

LAURA. Le tengo reservada esa sorpresa. Mi regalo para esta noche es la noticia de que va a ser padre. (*Mutis por fondo izquierda.*)[5]

CLARA. ¡Qué orgulloso se va a poner! (*Mutis tras Laura.*)

LAURA. (*Su voz que se aleja.*) Imagínate, tanto que lo desea. Si hasta me remuerde la conciencia por no habérselo dicho el lunes, apenas lo supe...

> Un instante queda la escena vacía. Después, por la terraza, entra don Justo: está avejentado, vestido con ropa muy usada y sin el aliño de que hacía gala[6] en el acto anterior. Observa la habitación,

[4] **No sea que lo encuentre Octavio:** I don't want Octavio to find it.

[5] **Mutis por fondo izquierda:** Exit left background.

[6] **sin el aliño de que hacía gala:** without the care he used to boast.

> *conmovido; acaricia un mueble; toma de una mesita*
> *un retrato y lo contempla con emoción; es el retrato*
> *de boda de su hija. En ese momento se oye sonar el*
> *timbre de la puerta de la calle. Don Justo se*
> *sobresalta y deja el retrato en su lugar. Por el fondo*
> *atraviesa Laura. Se le oye hablar en el vestíbulo:*

LAURA.   Buenas noches.

CAPITAN.   Buenas noches, señora. ¿Está su esposo en casa?

LAURA.   ¿De parte de quién?

5   CAPITAN.   Capitán Aguirre, del Estado Mayor.[7]

LAURA.   Está adentro. ¿Quiere usted que lo llame?

CAPITAN.   Si es tan amable. Dígale que solamente lo distraeré unos minutos, por un asunto urgente.

LAURA.   En seguida. Mientras viene, hágame el favor de
10   esperarlo en la sala, capitán. Pase usted por aquí, por favor.

> *Cuando oye el último parlamento, don Justo va*
> *rápidamente a esconderse y sale por primer término*
> *derecha. Por el fondo derecha entran Laura y el*
> *capitán Aguirre, hombre de unos treinta años,*
> *moreno, de rasgos indígenas, viste uniforme del*
> *Ejército Constitucionalista.[8] El examina con*
> *curiosidad los muebles y adornos del salón y luego*
> *toma el teléfono.*

CAPITAN.   ¿Bueno? ¿Central? ¿Bueno? Casi no oigo,

[7] **Estado Mayor:**   General Staff.

[8] **Ejército Constitucionalista:**   the army of Carranza's government, so called because Carranza promised a new Constitution, which was realized in 1917.

señorita. ¿Bueno? Comuníqueme con el Cuartel General; es urgente. Gracias. (*Pausa.*) Insista usted, señorita, por favor. (*Pausa.*) ¿El Cuartel General? Habla el capitán Aguirre. Estoy en casa del licenciado Octavio Gálvez. Si mi coronel pregunta por mí, puede localizarme en el... 5 (*Mira el número del teléfono*)... en el X–3–18. Más o menos un cuarto de hora. Gracias. (*Cuelga.*)

Se acerca a mirar el retrato de Carranza.
Entra Octavio.

OCTAVIO. Buenas noches, capitán.
CAPITAN. Buenas... Estaba admirando el retrato. ¡Excelente! Y dedicado por el Primer Jefe. 10
OCTAVIO. Sí, don Venustiano me hizo el honor de obsequiármelo el día que me llamó a su Gobierno.
CAPITAN. Como un recuerdo, ¿no? Ha hecho usted una brillante carrera, licenciado.
OCTAVIO. ¿Le parece? 15
CAPITAN. Es usted muy joven y ya ocupa un puesto de gran responsabilidad. ¡Subsecretario de Justicia!
OCTAVIO. Casi todos los revolucionarios somos jóvenes. Usted también lo es. En el Gobierno hay muchos hombres como nosotros. 20
CAPITAN. Sí, es cierto; hubo que echar mano[9] de la nueva generación. Los otros, todos, más o menos, habían servido a la dictadura. Los jóvenes podemos cometer errores, por poca preparación —digo, en mi caso, no en el de usted—, o por ser muy impetuosos, por carecer de 25

___
[9] **echar mano (de):** to resort (to).

experiencia; pero al menos, somos íntegros; entre nosotros no hay traidores, licenciado.

OCTAVIO. Así es.

CAPITAN. Usted fue de los primeros antirreeleccionistas, ¿verdad?

OCTAVIO. Sí, estaba apenas en la Universidad cuando eso;[10] al recibirme de abogado,[11] Madero era ya Presidente. Después seguí luchando durante el huertismo, hasta que el día de la clausura de la Casa del Obrero Mundial hui de México y me fui a Cuba. Poco después regresé por los Estados Unidos y me uní al Ejército Constitucionalista.

CAPITAN. Sí, sí... Más o menos conocía así, a grandes rasgos, su historial revolucionario. Pero hay un punto algo oscuro que me gustaría aclarar. Usted logró salir de México ese día, pero ¿cómo?

OCTAVIO. Un automóvil me llevó a Puebla.

CAPITAN. ¿Un automóvil?

OCTAVIO. Sí.

CAPITAN. Debe haber sido algo peligroso. Usted era desde entonces persona conocida y en las carreteras cateaban todos los automóviles.

OCTAVIO. Al que a mí me llevaba no lo detuvieron.

CAPITAN. No, claro... ¿Puedo preguntarle de quién era el automóvil?

OCTAVIO. ¿Es un interrogatorio, capitán Aguirre?

CAPITAN. No, no... ¡Un interrogatorio! No me atrevería. O más bien: todavía no.

OCTAVIO. ¿Qué quiere usted decir?

---

[10] **cuando eso:** at that time.

[11] **al recibirme de abogado:** when I graduated from Law School.

CAPITAN. Licenciado Gálvez: ¿sabe usted la comisión que desempeño?[12]

OCTAVIO. Investigaciones confidenciales del Estado Mayor.

CAPITAN. Exactamente; pero en concreto, ¿sabe qué me han encargado? 5

OCTAVIO. No.

CAPITAN. Localizar a los prófugos huertistas.[13] (Pausa.) Hay una denuncia en su contra, licenciado.

OCTAVIO. ¿En contra mía? 10

CAPITAN. Sí.

OCTAVIO. ¿Y es usted el encargado de... investigarla?

CAPITAN. Sí.

OCTAVIO. (Después de una pausa.) Si el Ejército Constitucionalista da oído a calumnias, presentaré mi renuncia 15 inmediatamente. Mi actuación revolucionaria es intachable, y no permitiré que nadie investigue mi conducta.

CAPITAN. Haría usted mal, licenciado.

OCTAVIO. Tal vez;[14] pero mi criterio es inflexible.

CAPITAN. Mientras no tengamos nada que ocultar, 20 todos podemos permitir que la Revolución investigue lo que crea conveniente. Yo creo que usted es un honrado y sincero revolucionario; pero en casos como éste, debe usted ayudarnos.

OCTAVIO. (Piensa un momento.) ¿De qué se me acusa? 25

Entra Carlos, uniformado de teniente.

[12] **¿sabe Ud. la comisión que desempeño?** do you know what my mission is?

[13] **huertistas:** the followers of Huerta.

[14] **Tal vez:** Perhaps.

CARLOS. Buenas noches.

OCTAVIO. Mi cuñado, el teniente Carlos Alvarez.

CAPITAN. (*Saludándolo militarmente.*) Ya tenía el gusto de conocer al teniente.

5   CARLOS. (*Reconociéndolo.*) ¡Miguel! Pero, hombre... (*Cruza a abrazarlo.*) ¡Al cuánto tiempo![15]

CAPITAN. No tanto, hombre, no tanto... Apenas hace cuatro meses que nos despedimos en Guadalajara.[16]

CARLOS. ¿Y desde cuándo estás en México?[17]

10   CAPITAN. Una semana.

CARLOS. ¡Caray! Una semana y hasta ahora nos visitas.[18]

OCTAVIO. El capitán Aguirre tiene mucho que hacer; vino con una delicada comisión del Estado Mayor del 15 Primer Jefe.

CARLOS. Muy merecido, de veras. Miguel es un revolucionario cabal. Me da mucho gusto que se te haga justicia.

CAPITAN. Precisamente a causa de esa comisión estoy 20 en esta casa. Pero no sé si debo hablar delante de ti.

CARLOS. ¡Hombre! ¿Y por qué no?

CAPITAN. Es un asunto muy delicado.

---

[15] **Al cuánto tiempo:** Mexican expression for "it has been a long time."

[16] **Guadalajara:** second largest city of Mexico, located northwest of Mexico City.

[17] **México:** Mexico City.

[18] **hasta ahora nos visitas:** Mexican for "You haven't come to see us yet." In other Spanish-speaking countries the expression is more likely to be "Hasta ahora no has venido a vernos," or "Hasta ahora no nos has visitado."

CARLOS.   Que incumbe sólo al Subsecretario de Justicia.
Bueno, entonces me retiro.

OCTAVIO.   Por mí, puedes quedarte.

CAPITAN.   ¿Está usted seguro?

OCTAVIO.   Entre Carlos y yo no hay secretos.   5

CAPITAN.   En ese caso... Pero no creo que sea agradable
para él.

CARLOS.   Me intrigas. ¿De qué se trata?

CAPITAN.   Hace tres meses se inició la desbandada de
los huertistas, desde que se supo que su jefe iba a renunciar   10
a la Presidencia. Muy pocos quedaban en México el 15 de
agosto pasado, cuando entró el Ejército Constitucionalista
en la capital. A todos los hemos apresado; y sólo hay tres
prófugos. Claro que me refiero a los peces gordos, no a
cualquier empleaducho. Hablo de los que tienen culpa.   15
Son tres nada más los que nos faltan. Y uno de ellos —tal
vez el más importante— es familiar de ustedes.

CARLOS.   ¿Te refieres a mi padre?

CAPITAN.   Exactamente: don Justo Alvarez del Prado.
¿Puedo... hablar claramente?   20

CARLOS.   Por supuesto.

CAPITAN.   Bien. Entonces... trataré de ser preciso y
objetivo. Las personas no presentan para todos el mismo
rostro. Don Justo —como se le llama generalmente—
puede ¡y debe! ser para ti, Carlos, el padre a quien queremos 25
por encima de sus faltas[19] y al que ni siquiera nos atrevemos
a juzgar; y para usted, licenciado, el hombre que le salvó
la vida.

OCTAVIO.   Entonces, ya sabía usted de quién era el
coche que me llevó a Puebla.   30

---

[19] **por encima de sus faltas:**   in spite of his faults.

CAPITAN. Por supuesto. Trataba sólo de hacerle confesar su deuda de gratitud. Decía que para usted don Justo
ha de ser el hombre que le salvó la vida y, además, un
familiar querido, porque el cariño que le tienen su esposa y
5 su cuñado ha de reflejarse en sus propios sentimientos.
Bien. Este es el rostro que para ustedes presenta don Justo
y es muy legítimo que así sea. Pero ¿para la Revolución?
Y no hablo de mí; yo no lo conozco ni tengo en este
asunto ningún interés personal. Hablo de la Revolución:
10 una idea, un ser abstracto, un movimiento social. ¿Quién es
don Justo Alvarez del Prado para la Revolución? Un
enemigo.

CARLOS. (*Lentamente.*) Lo sabíamos.

CAPITAN. Tras cada uno de los hechos de sangre que
15 conmovieron al país, tras el asesinato de Adolfo Gurrión, y
el de Serapio Rendón, y el de Belisario Domínguez,[20] tras
la intensa aplicación de la "Ley Fuga" a todos los hombres
de pensamiento liberal, tras todas las persecuciones y los
tormentos más crueles, había un cerebro, que no era el de
20 Huerta, envuelto siempre en las tinieblas del alcohol: era
el cerebro, tan lúcido como sádico, de don Justo Alvarez
del Prado.

CARLOS. ¡Es horrible!

CAPITAN. Perdóname, Carlos; pero debe ser juzgado
25 como lo que es: un enemigo del pueblo, un criminal.

OCTAVIO. ¿Quiere usted decir que debe ser fusilado?

[20] **Adolfo Gurrión, Serapio Rendón and Belisario Domínguez** were treacherously murdered because of their opposition to
the cruel measures of the Huerta government. Gurrión and Domínguez were members of the Congress, while Rendón was a respected
lawyer from Yucatán and had been on intimate terms with Madero.

CAPITAN. Usted es abogado y Subsecretario de Justicia de nuestro Gobierno. Usted sabrá qué castigo le corresponde.

OCTAVIO. (*Después de una pausa.*) Capitán: usted me habló al principio de una denuncia en mi contra. ¿Puedo conocerla? 5

CAPITAN. Sí; como ustedes saben, los huertistas aún persisten en volver al poder. Hay ya una Junta Patriótica[21] —¡así se atrevieron a llamarla!— establecida en Nueva Orleáns, y circula de mano en mano un manifiesto a la 10 Nación proponiendo el establecimiento de un gobierno pacificador que no sería sino el pretexto que utilizarían para reinstaurar la dictadura. Parece que cuentan con el apoyo financiero de los hacendados henequeneros de Yucatán[22] y de los cafetaleros de Chiapas[23] para levantar 15 un ejército que desde el Sur viniera a combatir a la Revolución. Pero, ¿quién puede encabezar este movimiento? ¿Huerta? Imposible; el desprestigio que sobre él pesa lo inhabilita. Y en caso semejante se encuentran otros personajes que actuaron en forma prominente en su 20 Gobierno. Pero hay uno que mantuvo su prestigio, que para la mayoría no es sino un brillante abogado, un orador famoso; ése es don Justo Alvarez del Prado y a eso se debe

[21] **Junta Patriótica:** A council set up as a provisional government.

[22] **hacendados henequeros de Yucatán:** henequen or sisal farmers of Yucatán, a state in southern Mexico. The henequen plant, known as maguey in Mexico, is useful for its fiber which is woven into rope and other materials.

[23] **cafetaleros de Chiapas:** coffee growers from Chiapas, state in southern Mexico.

que, con tan gran riesgo de su vida, haya preferido quedarse en México, para conspirar, para reunir voluntades y fuerzas en vez de alejarse con su jefe cuando éste salió del país.

5 OCTAVIO. Pero, ¿cuál es la denuncia?

CAPITAN. Recibimos un anónimo en el que se delata que en esta casa hay un depósito de armas que han de servir a la contrarrevolución.

OCTAVIO. Falso.

10 CAPITAN. Más aún: que aquí está escondido don Justo.

CARLOS. ¿Aquí? Miguel, te respondo con mi vida de que en esta casa no está mi padre ni hay armas escondidas.

CAPITAN. Y usted, licenciado, ¿qué me dice?

OCTAVIO. Lo mismo.

15 CAPITAN. (*Sacando un papel de la bolsa.*) Traigo una orden de registro. Puede usted verla.

OCTAVIO. (*La toma y la mira.*) Firmada por el general González.²⁴

CAPITAN. Sí.

20 OCTAVIO. Muy bien. (*La devuelve.*) Proceda usted como guste. Registre cuanto quiera.

CAPITAN. ¿Está usted seguro?

OCTAVIO. Completamente.

CAPITAN. (*Después de una pausa.*) No, no voy a hacer a 25 ustedes la afrenta de catear la casa de tan distinguidos revolucionarios.

OCTAVIO. Comete usted un error. ¡Registre!

CAPITAN. No. Pero a cambio de ello voy a pedirles un

²⁴ **general González:** Probably refers to General Pablo González, a general under Carranza who was responsible for the ambush and death of Zapata.

favor: espero contar con su ayuda, y si supieran el lugar donde se halla escondido don Justo...

CARLOS.   En seguida te lo comunicaremos.

CAPITAN.   Cuento con ello.

CARLOS.   ¡Lo juro!   5

CAPITAN.   Bien, entonces no hay más que hablar. Con su permiso,[25] licenciado.

OCTAVIO.   Propio, capitán.[26]

CAPITAN.   (*Tendiéndole la mano.*) Carlos...

CARLOS.   Te acompaño, hombre; no voy a dejarte ir   10 tan pronto, sin que hagamos recuerdos de Guadalajara.

> *Salen ambos. Octavio queda un momento pensativo.*
> *Un instante después, don Justo abre la puerta por*
> *donde salió y aparece.*

DON JUSTO.   Buenas noches, Octavio.

OCTAVIO.   ¿Usted... usted aquí?

DON JUSTO.   Sí, Octavio; yo.

OCTAVIO.   ¿Pero desde cuándo está aquí?   15

DON JUSTO.   Hará un cuarto de hora, más o menos. Llegué poco antes que el capitán Aguirre.

OCTAVIO.   Y... ¿cómo entró?

DON JUSTO.   ¿No se le ocurre a usted, que conoce ese camino? Por la terraza, como un ladrón; porque... porque   20 soy un extraño en mi propia casa y usted es el dueño.

OCTAVIO.   Si usted mismo lo reconoce así, ¿qué vino a buscar?

DON JUSTO.   Refugio. Ayuda.

[25] **Con su permiso:**   Excuse me.
[26] **Propio:**   Mexican idiom for "certainly." In other Spanish-speaking countries the expression is more likely to be "concedido."

OCTAVIO. Imposible. No puede quedarse. Me vería obligado a entregarle a la policía.

DON JUSTO. ¿Lo haría usted, Octavio?

OCTAVIO. Si estaba usted en la biblioteca, habrá escuchado mi conversación con el capitán Aguirre.

DON JUSTO. Sí, completa.

OCTAVIO. Entonces sabrá que estoy obligado a denunciarle. ¿No lo pensó antes usted mismo?

DON JUSTO. Sí.

OCTAVIO. Entonces, ¿por qué vino aquí... precisamente aquí?

DON JUSTO. Era la última carta que tenía por jugar, aun sabiendo que podría perderla... ¿Adónde más iría? He vivido en esta casa mis mejores años. ¿No es natural que vuelva a ella? Aquí están mi mujer y mis hijos. Y usted, Octavio, que ya es también de la familia. Estoy cansado de vivir en casas ajenas, de amigos, sí de compañeros de los buenos tiempos, pero extraños al fin y al cabo²⁷ para quienes al poco tiempo resultaba yo una molestia. He llegado a no creer en nadie ni a sentirme tranquilo en parte alguna. Por eso decidí volver aquí, con mi familia, mientras puedo salir hacia el sur a unirme con nuestras tropas.

OCTAVIO. Aquí tampoco puede usted quedarse.

DON JUSTO. Pienso permanecer sólo el tiempo estrictamente indispensable.

OCTAVIO. ¿Indispensable para qué?

DON JUSTO. Para obtener un salvoconducto que me permita llegar a Chiapas.

OCTAVIO. ¿Y cómo piensa obtenerlo?

---

²⁷ **al fin y al cabo:** finally, in the last instance, after all, in the last analysis.

DON JUSTO.   Con su ayuda, Octavio.

OCTAVIO.   ¿Con mi ayuda?

DON JUSTO.   Sé que usted puede dármelo. Usted es Subsecretario de Justicia. Su firma la respetarán en todas partes.

OCTAVIO.   No cuente usted con eso.

DON JUSTO.   Lo he medido todo muy bien, Octavio. En ocasiones como ésta, los hombres tenemos cada quien nuestra propia balanza y en los platillos no echamos simplemente los datos que otro cualquiera[28] podría escoger; nos echamos a nosotros mismos en los platillos, Octavio, echamos nuestro valor o nuestra cobardía, nuestra honradez o nuestra maldad; nuestro corazón, Octavio, nuestra vida toda. Por eso sé que en el platillo que usted me destine no estará la traición ni la muerte.

OCTAVIO.   ¿Y si lo estuvieran?

DON JUSTO.   No, Octavio; no pueden estar.

OCTAVIO.   Usted oyó lo que el capitán Aguirre dijo: a usted lo condena algo más, pero mucho más grande y más importante que mi voluntad o mi criterio: a usted lo busca, lo persigue y va a castigarle la Revolución. Es usted un enemigo del pueblo.

DON JUSTO.   Esas son palabras nada más, Octavio.

OCTAVIO.   Son palabras en las que yo creo.

DON JUSTO.   ¿Y sería usted capaz de matarme por ellas?

OCTAVIO.   ¿Matarle?

DON JUSTO.   Si me entrega al capitán Aguirre, si llama a la policía, si no me ayuda a salir de la ciudad, será usted responsable de mi muerte.

---

[28] **otro cualquiera:**   any other person.

OCTAVIO.   Yo me debo a la Revolución.

DON JUSTO.   ¿Y a mí, no me debe usted nada? (*Pausa.*) Una noche como ésta, hace unos cuantos meses —ni un año siquiera— usted estaba en mis manos, como yo estoy 5 ahora en las de usted; y mi deber político era entregarlo, igual que ahora usted siente que su deber es entregarme. Y, sin embargo, no lo hice; sabía que iban a matarlo si lo hacía, y no lo hice. Le di mi automóvil y mi escolta para salir de la ciudad.

10 OCTAVIO.   Usted no quiso salvarme la vida.

DON JUSTO.   ¿No?

OCTAVIO.   Quiso alejarme de Laura. Lo comprendí mucho después.

DON JUSTO.   ¿Está usted seguro?

15 OCTAVIO.   Sí.

DON JUSTO.   Sin embargo, aunque así fuera...

OCTAVIO.   ¡Así es!

DON JUSTO.   Sin embargo, las razones de la conducta cuentan menos que la conducta en sí, objetivamente con- 20 siderada. ¿Cuáles fueron mis razones en ese momento? Tal vez ni yo mismo lo sepa. Usted trata de adivinarlas, pero no está seguro, nadie puede estarlo. Puede que fuera la que usted dice. O que fueran otras. O que fueran una y otras mezcladas. ¿Qué importa? El hecho real, verdadero, 25 incontrovertible, es que yo le salvé a usted la vida. Y que tengo derecho a pedirle que me pague con la misma moneda.

OCTAVIO.   No, no es posible. No lo denunciaré, pero salga usted de esta casa. Busque otra solución a su problema.

30 DON JUSTO.   No me iré, Octavio. Tiene usted que decidir: o me ayuda o me entrega.

En eso se oye la voz de Laura que desde el fondo
izquierdo dice:

LAURA.   Octavio, ¿estás ahí?

DON JUSTO.   (*Emocionado.*) Es mi hija.

Octavio le hace señas de esconderse. Don Justo se
acerca a la puerta de la biblioteca y se esconde tras
las cortinas.

LAURA.   ¿Octavio?

OCTAVIO.   Sí, mi amor.

LAURA.   (*Entra.*) ¿Sirvo ya la cena?   5

OCTAVIO.   Dentro de un momento, si quieres. Primero
deseo que hablemos.

LAURA.   ¿Tú y yo?

OCTAVIO.   Todos. Llama también a tu mamá y a
Carlos, que debe estar en la puerta, con el capitán Aguirre.   10

LAURA.   Ay, Octavio, no vas a decirnos un discurso
porque cumplimos dos meses de casados.

OCTAVIO.   No, es algo mucho más importante.

LAURA.   ¿Qué ocurre?

OCTAVIO.   Ya te lo diré. Ve a llamarlos, ¿quieres?   15

LAURA.   Bueno; vendremos en seguida. (*Cruza por el*
fondo y sale por la derecha.)

DON JUSTO.   ¿Va usted a consultarles?

OCTAVIO.   Sí.

DON JUSTO.   Entonces sería mejor que yo les hable.   20

OCTAVIO.   Todavía no.

DON JUSTO.   ¿Por qué?

OCTAVIO.   ¿No recuerda usted que Carlos juró
entregarlo? Lo mejor será que pase usted a la biblioteca y
no intente salir hasta que yo lo llame.   25

Don Justo.   Bien. Lo haré para demostrarle que confío plenamente en usted.

> *Mutis de don Justo. Un instante después entra Carlos, precedido por Laura que vuelve a salir por la izquierda.*

Carlos.   ¿Qué nos necesitas?

Octavio.   Sí, necesito que hablemos todos juntos.

5 Carlos.   ¿Consejo de familia?

Octavio.   Algo así.

Carlos.   ¿No puedes adelantarme algo?[29]

Octavio.   No.

Carlos.   ¿Ni decirme más o menos de qué se trata?

10 Octavio.   No debo.

Carlos.   Se ve a la legua[30] que eres abogado. Siempre estás pensando en el deber, en la justicia. Eres el hombre más recto que he conocido. (*Se sienta.*) Bien; esperaremos. (*Saca un cigarrillo.*) ¿Gustas?[31]

15 Octavio.   No, gracias.

> *Entran Laura y Clara.*

Clara.   Dejé la carne en el horno. Espero que no sea muy larga nuestra conversación, Octavio.

Octavio.   Procuraré ser breve, señora.

Laura.   Bueno, ¿qué? ¿Va a ser un brindis?

20 Octavio.   No, Laura, no. No es ninguna celebración. Es algo difícil, importante para todos nosotros.

Laura.   ¿De qué se trata?

---

[29] **¿No puedes adelantarme algo?**   Can't you give me a hint?

[30] **Se ve a la legua:**   You can see it a mile away.

[31] **¿Gustas?**   Care for one?

CARLOS.   ¿Es algo del gobierno, o...?

OCTAVIO.   No, algo nuestro; y muy grave.

CLARA.   ¿Algo grave? Octavio, ¿se trata de... de mi esposo?

OCTAVIO.   Sí.   5

CLARA.   ¿Le pasa algo? ¿Algún accidente? (*Pausa*.) No... no está muerto, ¿verdad?

OCTAVIO.   No, señora.

CLARA.   (*Como si rezara*.) ¡Gracias!

OCTAVIO.   Está sano y salvo.   10

CARLOS.   ¿Cómo lo sabes?

OCTAVIO.   Estuve con él.

CLARA.   ¿Ha sufrido mucho... todo ese tiempo?

OCTAVIO.   Ha vivido en casa de varios antiguos amigos suyos.   15

CARLOS.   Pero, ¿dónde está?

OCTAVIO.   Su situación, sin embargo, es ya insostenible. No puede permanecer en la ciudad de México; por eso acudió a mí.

CARLOS.   Claro; querrá ir a reunirse a la contrarrevolu-   20
ción de la que nos habló el capitán Aguirre.

OCTAVIO.   Sí, desea marcharse cuanto antes.[32]

LAURA.   ¿Y tú... puedes ayudarlo?

OCTAVIO.   Me pidió un salvoconducto.

CARLOS.   ¿De veras? ¿Se atrevió?   25

OCTAVIO.   Sí.

LAURA.   ¿Y vas a dárselo?

Pausa.

[32] **cuanto antes:**   as soon as possible.

CARLOS. En el supuesto caso de que accedieras, si el salvoconducto cayera en manos del Ejército y se descubriera a quién ampara, sería el fin de tu carrera política. Tal vez hasta de tu vida; podrían fusilarte como traidor.

5 OCTAVIO. El riesgo que yo corra es lo de menos.[33] Estaría dispuesto a afrontarlo. Pero, ¿debo darle el salvoconducto?

CLARA. ¡Sálvelo, Octavio! ¡Se lo agradeceremos todos!

10 LAURA. Sí; todos.

CARLOS. Yo no.

CLARA. ¿Cómo?

CARLOS. Digo que yo no le agradecería a Octavio darle ese salvoconducto a mi padre. ¿Acaso has olvidado todo lo 15 que hablamos con el capitán Aguirre, hace unos minutos, en este mismo lugar?

OCTAVIO. No, no lo he olvidado.

CARLOS. ¿Entonces?

OCTAVIO. Le debo la vida.

20 CARLOS. Sí, le debes la vida; pero esa vida tú la consagraste a una causa: la Revolución. Por la Revolución la has arriesgado muchas veces en los campos de batalla. Ahora no puedes permitir que un prejuicio sentimental te haga traicionarte a ti mismo.

25 CLARA. Eres un juez implacable.

CARLOS. No, soy objetivo.

OCTAVIO. No puedo negar las culpas de don Justo; pero todo lo que hizo pertenece al pasado y su muerte no va a remediarlo.

30 CARLOS. ¿Y en el futuro?

[33] **es lo de menos:** matters little.

LAURA. ¿No podemos pensar que cambie?

CARLOS. (*A Octavio.*) ¿Puedes creerlo tú?

OCTAVIO. Quizás.

CARLOS. Si encabezara la contrarrevolución, esa vida que pretendes salvar, ¿cuántas vidas costaría? Otra vez volveríamos a la guerra y a sembrar los campos de cadáveres. Y si por desgracia ellos llegaran a triunfar, ¿no serías tú el primer responsable de nuestra derrota? ¿No por ti volvería a México la dictadura, con su cauda de crímenes y sufrimiento? Es lamentable tener que decirlo —y, sobre todo, que sea yo quien lo diga—, pero es necesario que midas toda tu responsabilidad. Si salvas a mi padre, serás un traidor a la Revolución.

Pausa.

OCTAVIO. Carlos: tu padre está en esta casa.

Carlos cruza rápidamente y descuelga el teléfono.

CARLOS. ¿Bueno? ¿Central?

LAURA. ¿Qué vas a hacer?

CARLOS. Llamar al capitán Aguirre.

CLARA. ¡Hijo, por favor!

CARLOS. ¿Bueno?

OCTAVIO. (*Se acerca brusco y cuelga el teléfono.*) El problema no es sólo tuyo. Es de todos nosotros.

CARLOS. Tengo que cumplir con mi deber, si tú faltas al tuyo.

OCTAVIO. Escúchame primero. He sido tu amigo; la vida nos ha hecho casi hermanos. Hemos luchado juntos y eso crea vínculos que no se rompen fácilmente. Entiendo tus sentimientos y los respeto. Pero también debes pensar que no estás solo en el mundo. Está tu hermana —mi esposa—, que es también hija del hombre a quien quieres entregar a la justicia. Está tu madre, sobre todo. ¿Serías capaz de sumirla en el peor dolor de su vida?

CLARA. Hijo, estoy segura de que no eres capaz de eso.

CARLOS. Es inútil discutir, Octavio; conoces muy bien tu obligación. ¿Qué vas a hacer?

OCTAVIO. Como revolucionario mi obligación es entregarlo.

LAURA. ¡Octavio!

OCTAVIO. Pero le debo la vida y, como hombre, mi obligación es salvarlo.

CLARA. Sí, Octavio, ¡sálvelo!

OCTAVIO. (*A Carlos.*) Yo no puedo denunciarlo. ¿Te atreverías a denunciarlo tú?

CARLOS. Iba a hacerlo. Tú me detuviste.

OCTAVIO. Ibas a hacerlo, ¿por la Revolución?

CARLOS. Sí, por la Revolución.

OCTAVIO. Pues si la Revolución exige que los hijos vendan a sus propios padres, ¡no quiero ser revolucionario!

CARLOS. ¡Octavio!

OCTAVIO. (*Enérgico.*) Esta noche se quedará aquí. Mañana decidiremos qué hacer con él.

Carlos cruza hacia la puerta del fondo derecho y sale rápidamente. Los demás se miran, con el mismo pensamiento ¿Irá a denunciarlo?

TELON

SEGUNDO CUADRO

*Son las 9 de la mañana. Las cortinas de la ventana
están corridas.*[34] *Es al día siguiente del acto anterior.
Entra doña Clara y va a abrir las cortinas y la
ventana. La brillante luz de la mañana inunda la
habitación y descubre en un sillón a Octavio.*

CLARA.   (*Al verlo.*) ¿Usted aquí, Octavio?

OCTAVIO.   Sí. Buenos días.

CLARA.   ¿No durmió usted?

OCTAVIO.   No pude.

CLARA.   Yo tampoco. Cada ruido me parecía que   5
llegaba Carlos con la policía. Fue una noche terrible.

OCTAVIO.   Sí.

CLARA.   Y, sin embargo, para serle sincera, creo que fui
feliz. Volver a oír en la oscuridad la respiración tranquila
de Justo, sentir su calor en la cama, hasta el olor de su   10
cuerpo que me ha acompañado tantos años, todo me
llenaba de una felicidad irracional, pero más grande que mi
inquietud. Tal vez no dormí para no perder un minuto de
esa felicidad que puedo haber sentido hoy por última vez en
mi vida.   15

OCTAVIO.   Lo entiendo.

CLARA.   Justo y yo hemos vivido tan unidos, que estos
meses sin él casi me parecía no vivir, me parecía existir en
otro mundo distinto. Si me llegara a faltar definitivamente,
sería igual que morir yo también.   20

OCTAVIO.   ¿Tanto lo quiere usted?

CLARA.   Tanto. En los viejos matrimonios, cada uno
vive un poco a expensas del otro. Eso no se entiende cuando

---

[34] **cortinas... corridas:** curtains are drawn.

se es joven como usted y como Laura; pero al paso del tiempo se va uno dando cuenta de que la vida se vive entre dos, igual que una conversación, una conversación que deja de serlo si uno de los dos se queda callado. Octavio,

5 ¡yo no puedo pensar que usted me condene a hablar en el vacío!

OCTAVIO. ¿Yo?

CLARA. Sí, usted; estoy segura de que Carlos no lo entregó; ahora usted puede salvarlo o perderlo.

10 OCTAVIO. He pasado la noche preguntándome qué debo hacer.

CLARA. Salvarlo, Octavio, salvarlo; no oiga usted a Carlos; las cosas que ha visto, la Revolución, lo han trastornado; todavía no puede pensar con claridad. Pero

15 usted, aunque también es joven, conoce más la vida, ha estudiado; sabe que nada puede justificar una muerte.

OCTAVIO. ¿Ni aun la patria?

CLARA. ¡La patria! Qué es la patria, Octavio? Para mí, la patria es el hombre que me ha acompañado toda la vida.

20 La patria son mis hijos, mi casa. Lo demas [35] son palabras, discursos del 16 de septiembre, [36] banderas tricolores que si no significan el pedazo de tierra y las pocas gentes que uno ama, no significan nada.

Pequeña pausa.

[35] **Lo demás:** The rest.

[36] **16 de septiembre:** On such a day in 1810 Father Miguel Hidalgo y Castilla initiated the Revolution in the town of Dolores, Guanajuato. According to tradition, the launching of the Revolution was marked by the ringing of the bell at Dolores' Church. This anniversary is now celebrated as Mexico's most important national holiday.

OCTAVIO. Dice usted que nada justifica una muerte. ¿Sabía que don Justo fue consejero de Huerta?

CLARA. Sí.

OCTAVIO. ¿Y sabía usted que él era quien ordenaba atormentar a los enemigos del régimen, asesinarlos? 5

CLARA. Sí.

OCTAVIO. Y esas muertes que él ordenaba, ¿tampoco pueden justificarse?

CLARA. Tampoco. (*Pequeña pausa.*) Cada una de esas muertes la sufrí como si fuera uno de mis hijos quien 10 moría.

OCTAVIO. ¿Y nunca se lo dijo a él?

CLARA. Durante años respeté y obedecí ciegamente a mi marido. Fui incapaz de juzgarlo. Pero en los últimos meses... 15

OCTAVIO. En los últimos meses...

CLARA. Cuando empezaron a llegar a mí los rumores de lo que hacía, no podía creerlo. ¡Él, tan bueno, capaz de semejantes atrocidades! No era posible. Y sin embargo, poco a poco me fui convenciendo: era verdad. ¿Cómo 20 podía permanecer callada? Se lo dije, le pedí clemencia, piedad... Pero fue inútil. Los primeros pleitos que tuvimos fue por eso. Algunas amigas me pidieron que intercediera por sus maridos o por sus hijos, pero él...

OCTAVIO. ¿Qué contestaba? 25

CLARA. Me parece estarlo oyendo; siempre lo mismo: "Son ellos o nosotros; si salvo a uno, ése podrá ser quien mañana me mate."

OCTAVIO. "Si salvo a uno..."

CLARA. ¿Verdad que no tenía razón, Octavio? 30

OCTAVIO. ¿Por qué?

CLARA.   Porque usted, quizás el único a quien salvó, no va a matarlo.

OCTAVIO.   ¿Matarlo? No; si acaso, entregarlo a la justicia.

5 CLARA.   Sería lo mismo.

OCTAVIO.   Usted misma reconoce que nada puede justificar sus crímenes.

CLARA.   No, nada; pero sus crímenes son suyos, Octavio; él pagará por ellos; Dios sabrá si lo castiga. Pero
10 usted... ¿acaso quiere llegar a ser como él?

OCTAVIO.   ¿Como él?

CLARA.   Nadie es noble ni criminal, ni vicioso ni santo de un solo golpe.[37] Todo tiene un principio; un acto del que todos los demás no son sino la consecuencia, el eslabón
15 primero de la cadena que nos forjamos. Usted está iniciando su vida, Octavio, puede todavía elegir cuál será su cadena, si ha de amarrarle al bien o al mal, si su cadena será de luz o de sombra; de lo que haga usted ahora tal vez dependa su futuro; tal vez hoy va usted mismo a firmar su sentencia
20 para siempre. Si es capaz de entregar a la muerte al hombre que le salvó la vida, esa acción será como una piedra que se amarra al cuello y que ha de irlo hundiendo día con día.

Pequeña pausa.

OCTAVIO.   ¿Dónde está ahora?
25 CLARA.   Duerme. ¡Estaba tan cansado!

Aparece por el fondo izquierdo Laura; viene en bata

[37] **de un solo golpe:** all at once.

de casa[38] *y trae en las manos una charola sobre la*
que hay dos tazas, una jarra, un vaso de leche y un
plato con pan. Con ella viene Luisito.

LAURA. Buenos días, Octavio. Te traigo tu desayuno.

OCTAVIO. Gracias. No tengo hambre.

LUISITO. (*A Clara.*) Mamá, ¿es cierto que volvió papá?

CLARA. Sí, hijo.

LUISITO. ¿Y va a quedarse?   5

CLARA. No sé.

LUISITO. Pero si se queda, no va a mandarme otra vez
al internado, ¿verdad?

LAURA. No, Luisito. Nunca volverás allá.

OCTAVIO. Ven acá, Luis; ¿tú quieres que tu papá se   10
quede?

LUISITO. Me da miedo.

OCTAVIO. Pero ¿por qué, Luis? Tú no debes tener
miedo de él ni de nadie.

LUISITO. No sé; pero él me da miedo.   15

CLARA. No digas eso, Luisito. Es tu padre y te quiere
mucho. Ven, vamos a despertarlo.

LUISITO. ¿No irá a enojarse?

CLARA. No, hijo, cómo va a enojarse. Le dará mucho
gusto volver a verte. Ya verás.   20

Mutis de Clara y Luisito.

LAURA. Es raro. Luisito ya no era así. Antes tenía tanto
miedo, que dos veces intentó fugarse de la casa por temor a
un castigo. Pero desde que volvió del internado parecía
otro.

[38] **bata de casa:** housecoat.

OCTAVIO. Los niños adivinan las cosas que no saben.

LAURA. ¿Lo dices por mi padre?

OCTAVIO. Sí.

Pausa.

LAURA. Deberías tomar algo.

5 OCTAVIO. No, de veras; no quiero nada.

LAURA. (*Después de una pausa.*) ¿Ya... decidiste?

OCTAVIO. Todavía no.

LAURA. Yo quisiera... no sé si debo... Quiero suplicarte... sí, suplicarte, Octavio, ¡que lo salves! No tengo
10 ninguna razón que darte, pero... ¡compréndelo!, es mi padre. ¿No es suficiente?

OCTAVIO. No sé.

LAURA. Tal vez no lo hubieras comprendido antes, Octavio, pero ahora sí, estoy segura; porque antes habías
15 vivido sin verdaderos afectos, y te sentías solo. Pero ahora no; ya no estás, ya nunca estarás solo, porque... Quise decírtelo anoche; esa era la sorpresa que te tenía preparada.

OCTAVIO. ¿Una sorpresa?

LAURA. Sí, mi amor: vamos a tener un hijo.

20 OCTAVIO. ¿Un hijo?

LAURA. Sí, Octavio.

OCTAVIO. (*La abraza.*) Me haces tan... tan feliz. Creo que eso era lo que más había deseado en el mundo. ¡Un hijo! Y tú me lo das, Laura.

25 LAURA. (*En sus brazos.*) Gracias... Gracias por quererme así.

OCTAVIO. Te adoro. Eres lo que más quiero en el mundo.

LAURA. (*Se desprende.*) Y ahora también lo vas a querer

a él, a ese pequeño ser que será tuyo y mío, la realización perfecta de nuestra unión, el símbolo vivo de que tú y yo hemos llegado a ser uno solo.

OCTAVIO.   Sí, Laura.

LAURA.   Y, sin embargo, su sangre será como un río que viene de lejos, de muy lejos, no sólo de nosotros, sino de nuestros padres y de nuestros abuelos y de todas las generaciones que nos han precedido en el mundo.

OCTAVIO.   En él te querré a ti también.

LAURA.   A mí... ¡y a los míos, Octavio! Tú no puedes querer a tu hijo, no puedes quererme a mí, sin querer también a mis padres, y a esos abuelos que sólo has conocido en los retratos amarillentos de los viejos álbumes y a los que ni siquiera están allí: a un desconocido de cuya voz tal vez sea un eco la voz de nuestro hijo, a la linda viejecita que murió hace varios siglos, pero de quien nuestro hijo hereda el color de los ojos, a un anciano cuyo recuerdo se ha extinguido en el mundo, pero que arqueaba una ceja o se mesaba los cabellos o se reía igual que lo hará nuestro hijo.

OCTAVIO.   Te quiero así, con todas tus abuelas besándome en tus labios. (*La besa.*)

LAURA.   Sí, Octavio; pero no puedes quererme sin querer también a mi padre, a quien no puedes enviar a la muerte porque... porque entonces —óyeme bien— volverías a quedarte solo, sin nosotros, ¿me entiendes?, sin mí, sin tu hijo.

OCTAVIO.   ¿Qué quieres decir?

LAURA.   Quiero decir que si denuncias a mi padre, ya no podría verte sin horror. Tus ojos serían los ojos de un asesino, tus manos las manos de un asesino, tu boca la boca de un asesino. Si denuncias a mi padre, Octavio, todo habrá terminado entre nosotros.

Una pausa en la que Octavio y Laura se miran como en un desafío. Después ella sale rápidamente por la izquierda. Se oye afuera la voz de don Justo que le dice:

DON JUSTO. ¡Laura! Pero ¿qué tienes? ¿Estás llorando?

Otra pequeña pausa. En seguida entra don Justo.

DON JUSTO. Los nervios de los habitantes de esta casa
5 amanecieron hoy de punta.³⁹
OCTAVIO. Creo que hay razón para ello, ¿no?
DON JUSTO. Sí, seguramente. (*Se sienta.*) Buenos días, Octavio.
OCTAVIO. Buenos días.
10 DON JUSTO. ¿Ya decidió usted mi suerte?
OCTAVIO. Creo que es la tercera vez que escucho esa pregunta esta mañana.
DON JUSTO. Ha de ser porque todos estamos interesados en saber la respuesta.
15 OCTAVIO. Bueno, pues la respuesta... Sería menos difícil si usted me ayudara.
DON JUSTO. ¿Cómo?
OCTAVIO. No puede haber sólo dos caminos; tenemos que encontrar otros.
20 DON JUSTO. ¿Usted cree que los haya?
OCTAVIO. Sí, estoy seguro. (*Pequeña pausa.*) Estoy dispuesto a ayudarlo, con una condición.

³⁹ **nervios... de punta:** nerves on edge.

DON JUSTO. ¿Cuál?

OCTAVIO. Que salga usted de México.

DON JUSTO. ¿Y adónde iría?

OCTAVIO. A Europa, a la América del Sur, a donde sea;[40] mi condición es que no participe usted en ningún movimiento político.

DON JUSTO. ¿Se atreve usted a pedirme eso?

OCTAVIO. Es necesario.

DON JUSTO. Usted me dijo aquella vez: "Si me deja la vida, tendré que vivirla según mis convicciones."

OCTAVIO. Este es un caso distinto. Yo defendía convicciones, ideales.

DON JUSTO. ¿Y yo no? Nosotros tenemos también ideales, Octavio; estamos convencidos de que un país como el nuestro, todavía en formación, cuyo pueblo no está educado en sus derechos cívicos, que no tiene madurez social y económica, necesita un gobierno fuerte, respetable y respetado, que conduzca con energía la vida de la nación. Nosotros defendemos el derecho a vivir en paz, como lo hicimos durante treinta años; nosotros defendemos el orden y la ley.

OCTAVIO. Ustedes llaman orden a sus privilegios, paz a su riqueza, ley a su conveniencia.

DON JUSTO. ¿Por qué nos niega el derecho de tener nuestros ideales, aunque sean diferentes a los suyos?

OCTAVIO. Y usted, ¿por qué no abre los ojos y ve más allá de estos muros, de esta ciudad, más allá de su vida y de su clase, la verdad de un México que vive en la miseria para pagarle a usted y a unos cuantos más como usted, lujos, diversiones, caprichos? ¿Cómo ha podido durante

---

[40] **a donde sea:** wherever it may be.

tanos años sentarse a su mesa opulenta sin que el recuerdo de todos los que cerca y lejos de usted se mueren de hambre, no le amargue el pan que se lleva a la boca?

Don Justo. Esta casa, este lujo, la mesa opulenta que usted dice, es el fruto de mis esfuerzos y de mi trabajo de años.

Octavio. Quisiera poder convencerle de lo que la Revolución significa para México y por qué no debe usted atentar contra ella y por qué no puedo yo permitirlo. Pero para eso tendría que hablarle no al don Justo de hoy, sino al muchacho juarista que hace treinta años en Oaxaca exigía democracia, al joven rebelde sepultado en el tiempo, pero al que los compromisos y la riqueza tal vez no han logrado asesinar del todo; quisiera hablarle al Justo Alvarez que escribía artículos incendiarios y pagaba con la cárcel su ambición de ser libre.

Don Justo. ¡De joven[41] comete uno tantos errores!

Octavio. No. No fueron errores los de entonces, don Justo, sino los de hoy.

Don Justo. Sólo la perspectiva del tiempo le permite a uno juzgar cuándo se ha equivocado. Ya tendrá usted ocasión de arrepentirse de lo que hoy hace.

Octavio. Ojalá que no me arrepienta, ojalá que nunca deje de pensar como hoy. Pero si ocurriera, si como ha pasado con usted y con muchos, la red de las comodidades, del dinero, de los buenos negocios, llegara a maniatarme, estoy seguro de que otros me vendrán a reemplazar en la lucha, otros jóvenes que dentro de veinte, de treinta, de cincuenta años, empuñarán nuestras banderas, aunque sea

[41] **De joven:** When young.

en contra mía o en contra de los que hoy son revolucionarios y mañana sean traidores y claudiquen de lo que ahora proclaman.

Don Justo. ¡Serán tantos!

Octavio. No importa, por más que sean, no podrán ahogar la fe que tuvo usted, la que ahora tenemos su hijo y yo: la fe en que el mundo puede ser mejor y el hombre menos egoísta y desdichado. (*Pequeña pausa.*) ¿Recuerda usted su juventud, don Justo?

Don Justo. Sí, un tiempo lleno de sueños; pero de todos ellos ya desperté.

Octavio. Déjeme por un momento pensar que todavía puede soñar... y hasta compartir mis propios sueños. Déjeme hablarle por una vez como a un amigo, un compañero capaz de comprenderme. Déjeme hablarle como si fuera usted su hijo, la resurrección de su juventud limpia y dura como un cristal. ¿Me lo permite?

Don Justo. Hable usted.

Octavio. Cuentan que cierta vez, Confucio caminaba con sus discípulos y en un claro del bosque[42] encontró a una anciana que, sentada en una piedra, lloraba.

—¿Por qué lloras? —le preguntó Confucio.

—Porque tengo miedo —respondió la anciana—. Vive aquí un tigre feroz que ha matado ya a mi esposo, a mi padre y a mi hijo.

—¿Y por qué no te alejas de este lugar tan peligroso? —volvió a interrogar Confucio.

Y la mujer respondió:

—Porque aquí hay un Gobierno que no oprime al pueblo.

---

[42] **claro del bosque:** clearing in the forest.

Entonces Confucio se volvió a sus discípulos y les dijo:

—Recuerden que un Gobierno que oprime al pueblo es peor que un tigre feroz.

DON JUSTO.   Y así combatieron ustedes a nuestro
5 Gobierno: como a un tigre feroz.

OCTAVIO.   Salimos a luchar contra ese Gobierno que no nos permitía pensar y hablar libremente, que no reconocía a los ciudadanos el derecho de elegir a sus gobernantes; nosotros, los que íbamos desde la ciudad, seguíamos
10 pensando que el problema era elegir un gobernador, o un diputado, o un alcalde.

DON JUSTO.   Y no era así.

OCTAVIO.   No: de pronto comenzamos a descubrir que había otros problemas más graves, más profundos; que
15 alrededor de nosotros había cientos, miles de hombres cuyo problema era la miseria, cuyo problema era morirse de hambre cultivando como esclavos una tierra ajena; miles de hombres cuyo problema era ser explotados de sol a sol en las fábricas, y ver morir en ellos a sus hijos, sin
20 médicos ni medicinas; miles de hombres que no sabían leer ni escribir ni tenían más porvenir que agonizar sobre una patria vendida a los ricos y a los extranjeros. Fue entonces cuando la Revolución, nuestra Revolución, comenzó a ser no sólo ideas, sino carne y sufrimiento y esperanza; y
25 comenzamos a pedir no sólo democracia, no sólo sufragio efectivo, no sólo libertad de pensamiento y de expresión, sino también la tierra para el que la trabaja, y jornadas humanas para el obrero,[43] y salario mínimo, y escuelas, presas, hospitales, caminos... Comenzamos a soñar con un

[43] **jornadas humanas para el obrero:** decent hours for the working man.

México nuevo y distinto, donde nadie sea explotado, donde no haya unos cuantos que lo tengan todo, mientras millones de hombres no tienen nada, sino su miseria y su dolor. ¿Comprende usted ahora por qué no puedo permitir que usted atente contra nuestra Revolución? Le hablo al patriota de hace treinta años, al que en su corazón todavía albergaba ideales y sueños: ¡ayúdeme a defender el México de mañana! Renuncie usted a pelear contra nosotros. Acepte usted ir al extranjero y yo respondo de su vida.

> *Pausa. Hacia la mitad del parlamento anterior ha entrado Carlos, que viene de la calle.*

Don Justo. Lo siento, Octavio. No puedo traicionar a los míos.

Octavio. ¿Entonces?

Don Justo. El dilema es el mismo: entrégueme o ayúdeme a ir con ellos.

Octavio. ¿Qué hacemos, Carlos?

Carlos. La Revolución no necesita que los hijos entreguen a sus padres.

Octavio. ¿Quieres decir que...?

Carlos. Pagaremos nuestra deuda. Dale el salvoconducto.

Octavio. Muy bien. Voy a hacerlo.

> *Sale por primer término derecha.*

Carlos. Pasé toda la noche pensando lo que debíamos hacer. Y he llegado a convencerme de que tu mundo ya murió. Tú y los tuyos no son ya un peligro para nosotros.

La historia no da nunca un paso atrás. Ustedes ya no podrán derrotarnos nunca.

Don Justo.   Hijo, eres lo que más he querido en el mundo. Hoy voy a alejarme de ti, de todos ustedes, tal vez para siempre: puedo morir en la lucha. Y me voy llevándome clavado en el alma el dolor de saber que me odias.

Carlos.   No, papá. No te odio. Nunca te he odiado.

Don Justo.   ¿No?

Carlos.   A veces juzgamos a las gentes, las condenamos y seguimos queriéndolas. ¿Entiendes tú eso?

Don Justo.   Creo que sí.

Carlos.   Yo te quise mucho, papá. En mi niñez fuiste para mí un ideal inalcanzable, un modelo, casi un dios. Soñaba en crecer y en imitarte. Pero después...

Don Justo.   Después...

Carlos.   Muchas veces me pregunto por qué llegamos a ser hombres, por qué no seguimos teniendo la fe irresponsable, la ignorancia y el amor ciego que da a los niños su estado de gracia... (*Pausa.*) Un día, en esta misma sala, descubrí la verdad, supe quién eras: la noche en que condenaste a muerte a la primera mujer que amé.

Don Justo.   Diana.

Carlos.   Por eso salí de esta casa y me fui a respirar a plenos pulmones el aire limpio y fresco del pueblo. (*Pequeña pausa.*) Hoy creí poder hallar en ti algo que todavía fuera digno de mi cariño. Cuando Octavio te hablaba con el corazón, de lo que para él y para mí es más valioso que nuestra propia vida, creí que tendrías un gesto noble, que una chispa de dignidad se iluminaría en ti para redimirte de tanto egoísmo. Pero no fue así.

Don Justo. Para eso hubiera sido necesario volver a ser el que fui hace treinta años, el muchacho rebelde que él evocaba; pero...

Carlos. Pero ¿qué?

Don Justo. El tiempo no pasa en balde.[44] No sólo nos deja arrugas en la cara, sino también cicatrices en el alma. Ahora soy otro; y aunque al oírlo comprendiera que tal vez en su fe está la verdad, tengo que cerrar mis oídos y mi corazón a su llamado.

Carlos. Es casi seguro que no puedas llegar a Chiapas.

Don Justo. ¿Por qué?

Carlos. Te detendrán en el camino. Octavio no es un jefe militar y su salvoconducto resultará sospechoso. Investigarán. Y cuando se descubra todo, ¿qué será de él?

Don Justo. No sé; inventará algo para defenderse.

Carlos. No lo conoces; él es incapaz de una mentira. No podrá alegar nada en su defensa; y será fusilado.

Don Justo. No es posible.

Carlos. Le arrebatas la vida que hace dos años le salvaste. Pero hoy, al hacerlo, destruyes, además, el hogar de tu hija, y dejarás huérfano a tu nieto.

Don Justo. ¿Qué dices?

Carlos. Laura va a tener un hijo de Octavio.

Pequeña pausa angustiosa.

Don Justo. ¡Un hijo!

Carlos. ¡Vete al extranjero, papá! Esa es la solución. No sigas luchando contra nosotros.

[44] **en balde:** in vain.

DON JUSTO. ¿Y traicionar a los que confían en mí, desertar, no sería también un acto indigno? Es ya muy tarde para cambiar mi vida.

Otra pausa. Después vuelve a hablar Carlos, con
suavidad, casi con ternura.

CARLOS. ¿Qué es la vida, papá? ¿Para qué sirve?
5 Mamá dice que todo lo hiciste por nosotros, que renegaste de tu juventud y te convertiste en asesino por Laura, por mí, por nuestro hogar. Tal vez sea cierto; pero si ahora aceptas el salvoconducto que te está haciendo Octavio, vas a perdernos a nosotros también; Laura y su hijo quedarán
10 sin amparo; yo... yo, papá, aunque me avergüenzo de ti, todavía te quiero... y creo que ya no podría, no podría... ¿Ves, papá? Traicionaste los ideales de tu juventud; ahora vas a destrozar todo lo que en tu existencia habías logrado construir. ¿Tan importante es lo que defiendes? ¿Y acaso
15 puede vivirse así, a pesar de todo,[45] sin esperanzas ya, sin afectos, sin nada más que el egoísmo y el vacío? Papá, te lo suplico: déjame seguir queriéndote, haz que pueda volver a respetarte: ¡No aceptes el salvoconducto!

Don Justo piensa un momento; está acorralado;
pero reacciona y dice:

DON JUSTO. Los juegos están hechos.[46] Ve a llamar a tu
20 madre y a tus hermanos.

Carlos va hacia el fondo izquierda y en
la puerta dice:

[45] **a pesar de todo:** in spite of everything.
[46] **Los juegos están hechos:** The cards are dealt.

CARLOS. Adiós, papá. Me despido de mi padre. Lo miro por última vez. Cuando vuelva a este cuarto, encontraré a un extraño.

> *Al quedar solo, don Justo va a la mesita donde está*
> *el teléfono; saca papel y lápiz de su bolsa y escribe*
> *algo. Después toma el teléfono.*

DON JUSTO. ¿Bueno? ¿Central? Con el Cuartel General, por favor. (*Pausa.*) ¿Bueno? ¿El Cuartel General? 5
¿Podría comunicarme con el capitán Aguirre? Muchas gracias. (*Pequeña pausa.*) ¿Habla el capitán Aguirre? Sería inútil decirle mi nombre. Se trata de una denuncia. El licenciado Justo Alvarez del Prado, enemigo del pueblo, estará dentro de diez minutos en la puerta de su antigua 10 casa. Tengan cuidado con él. Está armado.

> *Cuelga, suspira, dobla el papel que escribió, mira*
> *el cuarto con tristeza. Entran Clara, Laura,*
> *Carlos y Luisito.*

CLARA. ¿Nos mandaste llamar?[47]
DON JUSTO. Sí, para despedirme.
CLARA. ¿Siempre te vas?[48]
DON JUSTO. Sí, en seguida. 15
LAURA. ¿Te dio el salvoconducto?
DON JUSTO. Sí, ya lo tengo.
CLARA. ¿Cuándo volverás?
DON JUSTO. No sé, no sé; tal vez nunca.
LAURA. No digas eso. 20

[47] **¿Nos mandaste llamar?** Did you call for us?
[48] **¿Siempre te vas?** Are you still leaving?

Don Justo. Pero a donde vaya, recuérdenlo siempre, estaré con ustedes, pensando en ustedes. Clara: gracias por todo el cariño que me has dado.

Clara. ¿Gracias? Si soy yo quien debe agradecerte tantos años de felicidad.

Don Justo. Laura: tú fuiste lo mejor, lo más puro de mi vida.

Laura. No hables así, papá; parece que... (*Se interrumpe.*)

Don Justo. Luis: aprende a ser un hombre fuerte y a no tener miedo de nadie.

Luisito. Sí, papá.

Don Justo. Tú no digas nada, Carlos. Cuando me haya ido, entregarás a Octavio este papel. Es todo. (*Se encamina a la puerta del vestíbulo. Se detiene.*) No me acompañen. Quiero llevarme esta última imagen de ustedes así, juntos, como los he tenido siempre en el corazón. Adiós. (*Sale.*)

> *Al salir Don Justo, el grupo familiar se disuelve: Clara irá a la parte más alejada de la puerta del vestíbulo, cerca de la cual quedará Carlos. En medio de estos dos puntos extremos, Laura y Luisito.*

Clara. ¡Dios mío! ¿Será posible que no volvamos a verlo?

Laura. No, mamá; un día estaremos juntos otra vez, ya lo verás.

> *Se oye afuera un disparo y de inmediato una descarga cerrada.*

Clara. ¿Qué fue eso?

•

*Una rápida mirada que cruzan la madre y la hija
establece el presentimiento de la desgracia ocurrida.
Carlos sale corriendo por la puerta del vestíbulo.
Clara avanza hacia la misma puerta, pero la detiene
Laura.*

LAURA. (*Negándose a creer* [49] *lo que ocurre.*) No puede ser.

Entra Octavio, por la biblioteca.

OCTAVIO. ¿Oyeron?

LAURA. Sí.

OCTAVIO. ¿Y don Justo?

LAURA. Acaba de salir.   5

OCTAVIO. ¿Qué dices? ¿Sin su salvoconducto?

LAURA. ¿No se lo diste?

OCTAVIO. Aquí está. (*Lo tiene en la mano.*) Venía a
entregárselo.

*Al oír este breve y rápido diálogo, Clara vuelve a
dirigirse, más presurosa, hacia la puerta del vestíbulo,
pero la detiene la entrada de Carlos.*

CARLOS. Fue él. (*Pequeña pausa. Todos quedan inmóviles.*)   10
Lo mataron.

*Al escuchar la noticia, Clara sufre un golpe tan
fuerte, que hasta físicamente se resiente. Trata de
avanzar más aún hacia la salida, para ir a reunirse
con su esposo, pero ya su cuerpo no le obedece;* [50]

[49] **Negándose a creer:** Refusing to believe.

[50] **pero ya su cuerpo no le obedece:** but she can no longer
control her bodily movements.

tiembla, se tambalea, debe apoyarse en un mueble.
Laura acude a sostenerla; Luisito se abraza de ella,
llorando. Los tres forman un grupo doloroso. Carlos
se acerca lentamente a Octavio y le da la carta que
don Justo le confiara.

CARLOS. Antes de salir, me dio esto para ti.

OCTAVIO. (*Toma la carta y lee.*) "Octavio: Por fin he sentido latir en mí al joven patriota a quien usted supo resucitar. Muero para que su recuerdo viva en el corazón
5 de los seres que amo. Si me equivoco, Dios me perdone éste y todos los errores que he cometido. Usted y Laura van a tener un hijo; él conocerá el país que ustedes sueñan o tendrá que volver a combatir por él. Permítanme pensar que yo también muero para que este México nuevo, fuerte
10 y libre, pueda nacer."

Oyendo la lectura de esta carta, Clara se recupera
poco a poco. Al final, es ya capaz de avanzar hasta
Octavio y, con gesto conmovido, toma la carta, la
aprieta fuertemente contra su seno, y se encamina,
lenta y solemne, hacia la puerta del vestíbulo,
mientras va cerrándose lentamente el

TELON

▲ ▲ ▲ ▲ ▲ ▲ ▲

Obra Auxiliar

▼ ▼ ▼ ▼ ▼ ▼ ▼

CUESTIONARIO

PRIMER ACTO

PÁGINAS 27–32

1. ¿Qué está haciendo Clara?
2. ¿Quién es la señora Calderón?
3. ¿Por qué llama Clara por teléfono?
4. ¿Cuál es su estado de ánimo?
5. ¿Quién es Laura?
6. Según Clara, ¿con quién debe casarse Laura?
7. ¿Le gusta esa idea a Laura?
8. ¿A quién quiere Laura?
9. ¿Por qué los padres de la chica no simpatizan con su novio?
10. ¿Cuáles son los conflictos que se notan en estas primeras páginas?

PÁGINAS 33–35

1. ¿De dónde viene Carlos?
2. ¿Qué le había pasado a Octavio?
3. ¿Había visto Carlos a Luisito?
4. ¿Por qué estaba preocupado Carlos?
5. ¿A quiénes arrestaron los policías?
6. ¿Cómo se llaman algunos de los presos?

7. ¿De quién habla Carlos cuando dice que "pertenece al gobierno de Huerta"?
8. ¿Para qué no es nunca tarde, según Carlos?
9. ¿Quién es don Justo? ¿Qué piensa Carlos de él?
10. ¿Qué clase de hombre es don Justo?

PÁGINAS 36–39

1. ¿Cómo trae don Justo a Luisito?
2. ¿Cuál es la reacción de doña Clara al ver a su hijito?
3. ¿Qué explicación da don Justo por la ausencia de Luisito?
4. ¿Cuántos años tiene Luisito?
5. ¿De quién tiene miedo el niño? ¿Por qué?
6. ¿Qué había hecho el niño en verdad?
7. ¿Dónde lo encontró la policía?
8. ¿Cómo explica Ud. la acción de Luisito?
9. ¿Qué quiere don Justo que hagan Carlos y Laura?
10. ¿Cuáles son las ideas de don Justo en cuanto a su familia?

PÁGINAS 40–43

1. ¿De qué quieren hablarle Carlos y Laura a su padre?
2. ¿Por qué dice don Justo que había cometido un error?
3. ¿A dónde no quieren ir los dos hermanos?
4. ¿Con quién no se casará nunca Laura?
5. ¿A quién debe salvar don Justo?
6. ¿Qué era *Una ruta a la luz*?
7. ¿Cómo explica don Justo el cambio en su filosofía política?
8. Según Carlos, ¿qué quieren los jóvenes de hoy?
9. ¿Cómo quedan los que salen con vida de las garras del coronel Páez?
10. ¿Por qué no puede intervenir don Justo?

PÁGINAS 44–49

1. ¿Quién había mandado a Páez a ver a don Justo?
2. ¿Cree Carlos que su papá va a ayudar a sus amigos?
3. ¿Qué simboliza el coronel Páez?
4. ¿Por qué había venido a ver a don Justo el coronel?
5. ¿Qué le había pasado al general Huerta al llegar al castillo de Chapultepec?
6. ¿Cuáles eran las relaciones entre el coronel y los periodistas?
7. ¿Por qué, según don Justo, no pueden encarcelar a un periodista?
8. ¿Qué sugiere don Justo que se haga con *La voz de Juárez*?
9. ¿A quiénes debe reunir el Embajador de los Estados Unidos?
10. ¿Qué sospecha el coronel?

PÁGINAS 50–53

1. ¿Cuántos eran los estudiantes que había capturado la policía?
2. ¿Eran todos hombres los estudiantes?
3. ¿Qué había hecho el coronel Páez para hacer confesar a los estudiantes?
4. ¿Hablaron los prisioneros?
5. ¿Cómo castigó el coronel a Diana?
6. ¿Qué le llevó el coronel a Diana?
7. ¿Qué le manda hacer don Justo?
8. ¿Qué clase de hombre demuestra ser aquí don Justo?
9. ¿Quién oye la conversación entre don Justo y el coronel?
10. ¿Por dónde entra Octavio?

PÁGINAS 54–58

1. ¿Qué había hecho la policía con la Casa del Obrero Mundial?

2. ¿Por qué mandó a hacer esto el gobierno?
3. ¿Qué le dice Octavio a Laura que tiene que hacer él?
4. ¿Qué es una soldadera? ¿Por qué se le daba este nombre?
5. ¿A dónde piensan ir los novios?
6. ¿Por qué se opone la madre?
7. ¿Con quién va a hablar Octavio?
8. ¿Qué debe jurar Octavio?
9. ¿Qué temían el criado y la familia?
10. ¿Por qué don Justo no había podido venir a la casa antes?

PÁGINAS 59-62 (line 13)

1. ¿Qué le pide Laura a su papá?
2. ¿Por qué dice don Justo que no puede ayudar a Octavio?
3. ¿Qué tendría que hacer don Justo si supiera dónde está Octavio?
4. ¿Qué dice Clara que le había prometido a Octavio?
5. ¿Qué le dice Laura para que su papá salve a su novio?
6. ¿Qué noticia trae el coronel Páez?
7. ¿Por qué no había dejado a Carlos con los demás prisioneros?
8. Descríbase a Carlos. ¿Por qué tenía el brazo en cabestrillo?
9. ¿Por qué le dice Carlos a su padre: "Ésta no es mi casa"?
10. ¿Qué habría podido hacer el padre si hubiera querido?

PÁGINAS 62 (line 14)–65

1. ¿Cuál es la actitud de don Justo en cuanto a la Revolución?
2. Según don Justo, ¿por qué luchan los amigos de Carlos?
3. ¿Qué le propone el padre a su hijo?
4. ¿Por qué no puede volver Carlos a la casa de su padre?
5. ¿Quién había sido la novia de Carlos?
6. ¿Cómo trata de justificar don Justo sus acciones?

7. ¿Qué razones da Carlos para luchar en la Revolución?
8. ¿Quién puede remediar los males de México, según don Justo?
9. ¿Qué le responde Carlos?
10. ¿Cómo se explica el título del drama?

PÁGINAS 66–70

1. ¿A quién tiene que avisar Rodríguez?
2. ¿Quién escoltaría el coche a Puebla?
3. ¿Qué le pregunta don Justo a Octavio?
4. ¿Qué razones da don Justo para no cumplir con su deber?
5. ¿Cuál es la condición que le pone don Justo a Laura?
6. ¿Qué motivos psicológicos tendrá don Justo para salvar la vida de Octavio?
7. ¿Cuándo vendrá Octavio a casarse con Laura?
8. Una vez en Puebla, ¿qué hará Octavio?
9. ¿Qué habría pasado si don Justo hubiera entregado a Octavio a la policía?
10. ¿Qué espera don Justo que le pase a Octavio en la Revolución?

SEGUNDO ACTO

PÁGINAS 71–74

1. ¿Qué cambios se notan en la casa de don Justo?
2. ¿De quién es el retrato que cuelga en la pared? ¿Qué significado tiene esto?
3. ¿Qué está haciendo Laura?
4. ¿Por qué es feliz Laura, y a la vez, por qué está también triste?
5. ¿Qué van a celebrar Laura y Octavio esa noche?

6. ¿Qué no le ha dicho Laura a su marido?
7. ¿Quién entra en la sala por la terraza?
8. ¿Por qué va rápidamente a esconderse el hombre?
9. ¿Qué clase de hombre es el capitán Aguirre?
10. ¿Qué está haciendo el capitán cuando entra Octavio?

PÁGINAS 75–79

1. ¿Qué puesto ocupa Octavio en el gobierno?
2. Cuando tuvo que escaparse de México, ¿a dónde se fue?
3. ¿Cómo llegó a Puebla Octavio?
4. ¿Cuál es el encargo del capitán Aguirre?
5. ¿Qué ironía se nota en las preguntas del capitán?
6. ¿Dónde se habían conocido Carlos y el capitán?
7. ¿Cuánto tiempo hace que se despidieron los dos amigos?
8. ¿Por qué ha venido el capitán a la casa de Carlos?
9. ¿Por qué no quería hablar el capitán en frente de Carlos?
10. ¿Quién es el "pez gordo" que está buscando el capitán?

PÁGINAS 80–84

1. ¿Por qué es don Justo un enemigo del pueblo?
2. ¿Dónde se ha establecido una junta patriótica?
3. ¿Qué objeto tiene esa junta?
4. ¿Por qué no se alejó de México don Justo como lo había hecho Huerta?
5. ¿Cuál es la denuncia en contra de Octavio?
6. ¿Qué es "una orden de registro"?
7. ¿Registró la casa el capitán Aguirre?
8. ¿Qué vino a buscar don Justo en su casa?
9. ¿Qué estará obligado a hacer Octavio?
10. ¿Por qué es natural que don Justo vuelva a su casa?

PÁGINAS 85–88 (line 15)

1. ¿Qué le pide don Justo a Octavio?
2. ¿Cree don Justo que Octavio lo entregará?
3. Si Octavio llama a la policía, ¿qué será de don Justo?
4. ¿Qué había hecho don Justo por Octavio?
5. Según Octavio, ¿por qué don Justo le había ayudado a salir de la ciudad?
6. ¿Qué responde a esto don Justo?
7. ¿Qué desea hacer Octavio antes de cenar?
8. ¿Dónde tiene que esperar don Justo?
9. ¿Qué había jurado Carlos al capitán Aguirre?
10. ¿Qué es "un consejo de familia"?

PÁGINAS 88 (line 16)–92

1. ¿Por qué dice Clara que espera que la conversación no sea muy larga?
2. ¿Por qué pregunta Laura: "¿Va a ser un brindis?"
3. ¿Qué quiere saber doña Clara acerca de su marido?
4. ¿Por qué ha llamado Octavio el consejo de familia?
5. ¿Quién no quiere que Octavio dé el salvoconducto?
6. ¿Le parece natural esta acción? Según Ud., ¿qué deber tiene Carlos?
7. ¿Por qué no puede entregar Octavio a don Justo?
8. ¿Qué hace Carlos cuando sabe que su padre está en la casa?
9. ¿Cuál es el dilema de Octavio?
10. ¿Qué haría Ud. si fuera Octavio? Compare el carácter de Octavio y el de Carlos.

PÁGINAS 93–96

1. ¿Qué hora es cuando entra Clara en la sala?

2. ¿A quién encuentra ella en un sillón?
3. ¿Por qué había pasado Clara una noche feliz?
4. ¿Sabía Clara que su marido era consejero de Huerta?
5. ¿Por qué dice Clara que fue incapaz de juzgar a su marido?
6. ¿Cuál fue la causa de los primeros pleitos entre Clara y su marido?
7. ¿Por qué no quiso salvar a nadie don Justo?
8. ¿Qué opinión tiene Ud. en cuanto al carácter de Clara?
9. ¿Qué es lo que quiere Clara que Octavio no haga?
10. ¿Por qué no había podido dormir Octavio toda la noche?

PÁGINAS 97–100

1. ¿Cuál es la actitud de Luisito en cuanto a su padre?
2. ¿Cómo se explica eso?
3. ¿Cuál era la sorpresa que tenía Laura para Octavio?
4. ¿Cómo reacciona Octavio al saber la noticia?
5. ¿Por qué dice Laura que no es posible que Octavio quiera a su niño si no quiere también a los padres de ella?
6. ¿Qué hará Laura si Octavio denuncia a su padre? ¿Qué haría Ud.?
7. ¿Tiene derecho ella a amenazarle de esta manera? ¿Por qué?
8. Haga Ud. una comparación entre el estado de ánimo de Octavio y el de don Justo.
9. ¿Qué pregunta le hace él a Octavio?
10. ¿Cuál es la condición que le impone Octavio?

PÁGINAS 101–105

1. ¿Por qué cree don Justo que México necesita un gobierno fuerte?

2. ¿Está Ud. de acuerdo con don Justo?
3. ¿Qué ideas había tenido don Justo en su juventud?
4. Para Octavio, ¿qué significa la Revolución?
5. ¿Por qué no piensa ahora don Justo como pensaba en su juventud?
6. ¿Quién era Confucio? ¿Cuándo vivió?
7. ¿Por qué no quería alejarse la mujer del bosque en donde vivía?
8. ¿Cuáles eran los problemas que descubrieron Octavio y sus compañeros?
9. ¿Qué sentimientos tiene don Justo en cuanto a sus propios compañeros?
10. ¿Qué quiere Carlos que haga su cuñado?
11. ¿Odia Carlos a su padre? ¿Por qué cree don Justo que Carlos lo odia?
12. ¿Qué hubiera hecho Ud. en el lugar de Carlos?

PÁGINAS 106–112

1. Según Carlos, ¿por qué resultaría sospechoso el salvoconducto?
2. ¿De qué es incapaz Octavio, según Carlos?
3. ¿Qué noticia le da Carlos a su padre?
4. ¿Cuál es el dilema de don Justo ahora? Comente Ud. sobre su estado de ánimo.
5. ¿Qué le ruega Carlos a su papá?
6. ¿Qué hace don Justo apenas ha salido Carlos?
7. ¿A quién llama por teléfono?
8. ¿Qué hace don Justo con el papel que había escrito?
9. ¿Cómo se resuelve el problema planteado en el drama?
10. ¿Qué dice la carta que había escrito don Justo?
11. ¿Por qué prefirió morir don Justo?
12. ¿Qué le parece a Ud. el final del drama?

13. Para mejorar el drama, ¿qué cambios haría Ud.?
14. Psicológicamente, ¿cuáles son los personajes mejor trazados?
15. ¿Hay una lección moral en el drama? Si la hay, ¿cuál es?
16. ¿Qué significa el título de la obra?
17. ¿Cuáles son los conflictos entre don Justo y sus hijos?
18. ¿Cuál de los personajes tiene rasgos de caricatura?
19. ¿Hay temas universales en la obra?
20. ¿De qué manera procede el autor para mantener el interés del lector hasta el final?

EJERCICIOS

PÁGINAS 27–35

A. Complete las oraciones siguientes con la forma correcta del subjuntivo del verbo entre paréntesis.

1. Perdone que la (llamar) _____ tan intempestivamente, pero pienso que tal vez (poder) _____ ayudarme.
2. Temo que le (haber) _____ pasado algo.
3. No es posible que (haber) _____ desaparecido.
4. Cuando te (casar) _____, y (tener) _____ un hijo, verás lo que se siente en un caso así.
5. Si (ser) _____ un tarambana, un jugador, un borracho, si (tener) _____ algo que reprocharle, me explicaría que papá no lo aceptara.
6. Aunque (tener) _____ cincuenta años, tienes que obedecer a tu padre.
7. Laura, ha llegado el momento en que nosotros también (hacer) _____ algo.
8. Sin embargo, aunque en el fondo (ser) _____ bueno, como tú dices, pertenece al gobierno de Huerta.
9. Estos últimos años tal vez lo (haber) _____ hecho equivocarse.

10. El no puede permitir que (verterse) _____ sangre inocente.

B. Escriba oraciones originales empleando las expresiones siguientes:

1. estar chapados a la antigua
2. portarse como Dios manda
3. meterlos en cintura
4. comprarse de comer
5. probar bocado

6. quedarse con los brazos cruzados
7. vestir con pulcritud
8. menos mal
9. echarse a descansar
10. surgir al amparo

C. Complete las oraciones siguientes usando la forma correcta del verbo *ser* o *estar*:

1. ¿_____ el señor Ministro? (to be at home)
2. ¿Pensará que _____ locos?
3. Ya _____ acostada.
4. _____ una manifestación originada por la Casa del Obrero Mundial.
5. Hoy _____ primero de mayo.
6. Por supuesto que no _____ en la manifestación.
7. Bueno, eso _____ cosa tuya.
8. Milito Carral _____ un joven muy bien educado.
9. Sí, yo _____ en su casa.
10. En estos momentos, Laura, se _____ jugando el porvenir de México.

PÁGINAS 36–43

A. Complete con la forma correcta del subjuntivo del verbo entre paréntesis.

1. Pues voy a hacerte hablar, aunque (ser) _____ por la fuerza.

2. Clara, no quiero que le (castigar) _____.

3. ¿No? ¿Tal vez (merecer) _____ un premio, entonces?

4. Mamá, no (hacer) _____ una tragedia de algo que no tiene importancia.

5. Entonces te parece muy bien que (irse) _____ de la casa sin pedir permiso.

6. Pero, mujer, ¿cómo pensaste que (poder) _____ pasarle algo?

7. Pues llévatelo arriba para que se (arreglar) _____ un poco.

8. Y tal vez nosotros (llegar) _____ a morir sin tener una respuesta.

9. Sufriría mucho si (saber) _____ la verdad.

10. Papá, si de veras quieres que (seguir) _____ unidos, tienes que saber como pensamos.

B. Escriba oraciones originales empleando las expresiones siguientes:

1. hacer una tragedia
2. tener miedo
3. hacer mandados
4. contar con
5. ponerse sentimental
6. sea como sea
7. no tener nada que ver con
8. casarse con
9. equivocarse
10. por nuestra cuenta

C. Complete las oraciones siguientes con el pretérito o el imperfecto del verbo entre paréntesis:

1. ¿Dónde (pasar) _____ todo el día? (tú)

2. Las monjas (decidir) _____ suspender las clases.

3. Lo malo es que ellos (irse) _____ al campo.

4. Cuando fue a verme a la oficina, para pedirme perdón, (estar) _____ bañado en lágrimas.

5. Además, (temblar) _____ ante la idea de enfrentarse contigo.

6. Bueno, ya (pasar) _____ todo.

7. Es que (estar) _____ tan nerviosa todo el día.

8. No (haber) _____ tal paseo a Tacubaya.

9. Hace años (hacer) _____ recoger toda la edición.

10. Eso mismo que tú (pedir) _____ entonces, es lo que queremos hoy los jóvenes.

PÁGINAS 44-53

A. Complete con la forma correcta del subjuntivo del verbo entre paréntesis:

1. No quiero que a mi casa (llegar) _____ los problemas de la calle.

2. Pero es la oportunidad de que le (decir) _____ una palabra en favor de nuestros amigos.

3. He dado órdenes de que en mi casa no se me (molestar) _____ con asuntos oficiales.

4. Está bien, que (pasar) _____.

5. Por de pronto, debemos evitar que se (conocer) _____ la noticia.

6. Hay que impedir que se (publicar) _____.

7. Confío en Ud., Rodríguez. No lo (olvidar) _____.

8. Vaya a la Embajada de los Estados Unidos y pídale al Embajador que (reunir) _____ a los corresponsales extranjeros.

9. Ahora dígame lo que (saber) _____ del atentado.

10. (Cumplir) _____ Ud. mis órdenes al pie de la letra.

B. Escriba oraciones originales empleando las expresiones siguientes:

1. por de pronto
2. por las dudas
3. andar regando el chisme
4. ocuparse de
5. tenerle en jabón
6. en último caso
7. por las buenas
8. tener que hacerlo
9. al pie de la letra
10. estar a salvo

C. Sustituya las palabras escritas en bastardillas con los debidos pronombres personales, haciendo todos los cambios que sean necesarios:

1. Sólo tienes que decir *una palabra*.
2. Y puedes salvar *la vida de doce muchachos*.
3. He dado órdenes de que en mi casa no se me moleste con *asuntos oficiales*.
4. Pues que ya andábamos perdiendo *al hombre*.
5. Parece que tiró *la bomba* y arrancó a correr.
6. ¿Se ha tomado *alguna providencia*?
7. Nuestra Constitución garantiza *la libertad de expresión*.
8. Les dimos *un estironcito*, y nada.
9. El cabresto, en vez de hablar, me tiró *una escupitina* a la cara.
10. Si mi hermano se dejó sacar *los ojos* sin hablar, yo no voy a traicionarle.

PÁGINAS 54–62

A. Complete con la forma correcta del subjuntivo del verbo entre paréntesis:

1. Quién sabe como (poder) _____ llegar hasta los campamentos revolucionarios.

2. Y cuando (estar) _____ allí, ¿qué vida vas a llevar entre peligros y batallas?

3. ¿Qué culpa estoy pagando, para que me (castigar) _____ así?

4. Y usted, Octavio, ¿cómo puede permitir que lo (acompañar) _____ Laura?

5. Señora, ¿y si yo (hablar) _____ con don Justo?

6. Júrenme que no saldrá antes que le (llamar) _____.

7. Te he prohibido que (mencionar) _____ ante mí el nombre de ese anarquista.

8. Es preferible para él que no lo (saber) _____.

9. Tal vez (poder) _____ necesitarle.

10. Siempre lo será. Aunque en este momento no lo (creer) _____.

B. Escriba oraciones originales empleando las expresiones siguientes:

1. mandar un recado
2. lograr huir
3. pasar hambres
4. acostumbrarse a
5. jugarse el todo
6. temer alguna desgracia
7. estar a buen recaudo
8. alejarse de
9. apestar a sangre
10. topar con

C. Complete las oraciones siguientes con el tiempo futuro de los verbos entre paréntesis:

1. Mañana el Gobierno (desatar) _____ persecuciones terribles.

2. Octavio, si tú te vas, me (ir) _____ contigo.

3. Yo (ser) _____ tu soldadera.

4. ¿De veras, Laura? ¿(Venir) _____ conmigo?

5. Nada ya (poder) _____ separarnos.

6. Pero nosotros los (correr) _____ juntos.

7. Tú no (atreverse) _____ a hacerlo, mamá.

8. Me (jugar) _____ el todo por el todo.

9. Si todavía está en libertad, no (tardar) _____ en caer en manos de la policía.

10. Tú (quedarse) _____ sólo con tus riquezas y tu poder.

PÁGINAS 63–70

A. Complete con la forma correcta del subjuntivo del verbo entre paréntesis:

1. Pero, Carlos, es necesario que (comprender) _____ que esas ideas no pueden triunfar en México.

2. Yo te daré un puesto de responsabilidad, desde el que (poder) _____ hacer mucho más.

3. Si lo (haber) _____ sabido, ¿la habrías salvado?

4. Sería un escándalo que el hijo de un Ministro (ser) _____ juzgado y fusilado con los revolucionarios.

5. Quiero que (avisar) _____ al Ejército y a la Policía que mi automóvil viajará esta noche a Puebla.

6. Si (caer) _____ en sus manos, ¿qué haría conmigo?

7. Mi hija me pide que le (salvar) _____ a Ud. la vida.

8. Cuando (regresar) _____, si todavía se quieren, podrán casarse.

9. Y cuando (haber) _____ venido, vendré a casarme con Laura.

10. Ojalá que no (pretender) _____ escaparse antes de llegar a Puebla.

B. Escriba oraciones originales empleando las expresiones siguientes:

1. día con día
2. estar comprometido con
3. ser muchos años mayor que
4. hacer falta
5. conmover a

6. trabajar de sol a sol
7. confiar en
8. ponerse en su caso
9. explicárselo
10. tener ganas de

C. Complete las oraciones siguientes con la forma correcta de *por* o *para*:

1. Entonces sabrás _____ qué no puedo volver a esta casa.
2. _____ algo soy tu padre.
3. Ellos luchan _____ conseguir lo que tú tienes ya.
4. Son demasiadas cosas _____ poder olvidarlas.
5. Pero lo aceptas y no luchas _____ evitarlo.
6. Papá, _____ remediar los males de este mundo, nosotros somos Dios.
7. Un pobre padre ha perdido a su hijo _____ siempre.
8. No sé _____ qué me salva usted la vida.
9. Seguiré luchando _____ le que creo.
10. Ya en Puebla, ustedes se las ingeniarán _____ escapar.

SEGUNDO ACTO

PÁGINAS 71–79

A. Complete con la forma correcta del subjuntivo del verbo entre paréntesis:

1. Comprendo muy bien que (ser) _____ feliz, y me alegro, hija, me alegro.

2. ¿Entiendes que al mismo tiempo (poder) _____ estar triste y contenta?

3. ¿Y me perdonas que yo (estar) _____ alegre, ahora que tú sufres tanto?

4. Si tu padre (haber) _____ estado con nosotras el día de tu boda.

5. Bueno, pues vamos a la cocina si quieres que (cenar) _____ a su hora.

6. Es increíble que tu hermano y yo lo (saber) _____ y él todavía no.

7. Está dentro. ¿Quiere Ud. que (llamar) _____?

8. Mi actuación revolucionaria es intachable, y no permitiré que nadie (investigar) _____ mi conducta.

9. Mientras no (tener) _____ nada que ocultar, todos podemos permitir que la Revolución (investigar) _____ lo que (creer) _____ conveniente.

10. Pero no creo que (ser) _____ agradable para él.

B. Escriba oraciones originales empleando las expresiones siguientes:

1. seguir en eso
2. extrañar mucho (a uno)
3. sobresaltarse
4. ir a esconderse
5. preguntar por

6. echar mano a
7. conocer a grandes rasgos
8. desempeñar una comisión
9. tratar de
10. hace meses que

C. Complete las oraciones siguientes usando la forma correcta del verbo *ser* o *estar*:

1. Yo _____ feliz por ser la esposa de Octavio.
2. Una mitad _____ sufriendo por la ausencia de papá.

3. No _____ yo misma sin él.

4. Yo _____ en casa del licenciado Octavio Gálvez.

5. _____ usted muy joven y ocupa un puesto de gran responsabilidad.

6. Mi actuación revolucionaria _____ intachable.

7. Yo creo que usted _____ un honrado y sincero revolucionario.

8. ¿Y desde cuándo _____ en México?

9. _____ tres nada más los que nos faltan.

10. Trataré de _____ preciso y objetivo.

PÁGINAS 80–88

A. Complete con la forma correcta del subjuntivo del verbo entre paréntesis:

1. Muy bien. (Proceder) _____ Ud. como (gustar) _____.

2. No voy a dejarte ir tan pronto, sin que (hacer) _____ recuerdos de Guadalajara.

3. He vivido en esta casa mis mejores años. ¿No es natural que (volver) _____ a ella?

4. Pienso permanecer sólo el tiempo estrictamente indispensable para obtener un salvoconducto que me (permitir) _____ llegar a Chiapas.

5. Por eso sé que en el platillo que usted me (destinar) _____ no estará la traición ni la muerte.

6. ¿Y si lo (estar) _____?

7. Tal vez ni yo mismo lo (saber) _____.

8. Puede que (ser) _____ la que usted dice.

9. Entonces sería mejor que yo les (hablar) _____.

10. Necesito que (hablar) _____ todos juntos.

B. Escriba oraciones originales empleando las expresiones siguientes:

1. dejarle ir pronto
2. medirlo muy bien
3. pagarle con la misma moneda
4. confiar en
5. verse a la legua
6. acudir a
7. orden de registro
8. acercarse a
9. deber estar
10. cumplir dos meses de casados

C. Complete las oraciones siguientes con el pretérito o el imperfecto del verbo entre paréntesis:

1. Tras todas las persecuciones y los tormentos más crueles, (haber) _____ un cerebro que no era el de Huerta.
2. (Ser) _____ el cerebro, tan lúcido como sádico, de don Justo Alvarez del Prado.
3. Capitán: usted me (hablar) _____ al principio de una denuncia en mi contra.
4. (Recibir) _____ un anónimo en el que se delata que en esta casa hay un depósito de armas.
5. Si (estar) _____ usted en la biblioteca, había escuchado, mi conversación con el capitán Aguirre.
6. Era la última carta que (tener) _____ por jugar.
7. Usted (oír) _____ lo que el capitán Aguirre dijo.
8. Usted (estar) _____ en mis manos, como yo estoy ahora en las de usted.
9. Yo le (dar) _____ mi automóvil y mi escolta para salir de la ciudad.
10. Usted no (querer) _____ salvarme la vida.

PÁGINAS 89–96

A. Complete con la forma correcta del subjuntivo del verbo entre paréntesis:

1. Si el salvoconducto (caer) _____ en manos del Ejército, sería el fin de tu carrera política.
2. El riesgo que yo (correr) _____ es lo de menos.
3. Ahora no puedes permitir que un prejuicio sentimental te (hacer) _____ traicionarte a ti mismo.
4. Si (encabezar) _____ la contrarrevolución, esa vida que pretendes salvar, ¿cuántas vidas costará?
5. Y si por desgracia ellos (llegar) _____ a triunfar, ¿no serías tú el primer responsable de nuestra derrota?
6. Pero es necesario que (medir) _____ toda tu responsabilidad.
7. Pues si la Revolución exige que los hijos (vender) _____ a sus propios padres, no quiero ser revolucionario.
8. Si me (llegar) _____ a faltar definitivamente, sería igual que morir yo también.
9. Yo no puedo pensar que usted me (condenar) _____ a hablar en el vacío.
10. Si salvo a uno, ése podrá ser quien mañana me (matar) _____.

B. Escriba oraciones originales empleando las expresiones siguientes:

1. agradecerle (a uno)
2. pensar en
3. volver a
4. darse cuenta de
5. quedarse callado
6. ser incapaz de
7. ir a quedarse
8. pasar la noche
9. llegar rumores
10. tener razón

C. Sustituya las palabras escritas en bastardillas con los debidos pronombres personales, haciendo todos los cambios que sean necesarios.

1. Dejé *la carne* en el horno.
2. Pero, ¿debo darle *el salvoconducto*?
3. ¿Acaso has olvidado *todo lo que hablamos con el capitán Aguirre*?
4. Tal vez no dormí para no perder *un minuto de esa felicidad.*
5. Octavio: conoces muy bien *tu obligación.*
6. He pasado una noche preguntándome *qué debo hacer.*
7. Usted sabe que nada puede justificar *una muerte.*
8. Respeté y obedecí ciegamente *a mi marido.*
9. Es capaz de entregar a la muerte *al hombre que le salvó la vida.*
10. Te traigo *tu desayuno.*

PÁGINAS 97–105

A. Complete con la forma correcta del subjuntivo del verbo entre paréntesis:

1. Ven acá, Luis; ¿tú quieres que tu papá se (quedar) _____?
2. Quiero suplicarte, Octavio, que lo (salvar) _____.
3. Tal vez no lo (haber) _____ comprendido antes, pero ahora sí, estoy segura.
4. Sería menos difícil si usted me (ayudar) _____.
5. ¿Usted cree que los (haber) _____?
6. Mi condición es que no (participar) _____ usted en ningún movimiento político.
7. ¿Por qué nos niega el derecho de tener nuestros ideales, aunque (ser) _____ diferentes a los suyos?
8. Ojalá que no me (arrepentir) _____; ojalá que nunca (dejar) _____ de pensar como hoy.

9. ¿Comprende usted ahora por qué no (poder) _____
   permitir que usted (atentar) _____ contra nuestra
   Revolución?

10. La Revolución no necesita que los hijos (entregar) _____
    a sus padres.

B. Escriba oraciones originales empleando las expresiones siguientes:

1. tener miedo
2. deber tomar algo
3. querer decir
4. atreverse a
5. estar interesado en

6. estar dispuesto a
7. tener ocasión
8. empuñar banderas
9. arrepentirse de
10. alejarse de

C. Complete las oraciones con el tiempo futuro de los verbos entre
   paréntesis:

1. No, Luisito. Nunca (volver) _____ allá.

2. Le (dar) _____ mucho gusto volver a verte.

3. Su sangre (ser) _____ como un río que viene de
   lejos.

4. En él te (querer) _____ a ti también.

5. Si denuncias a mi padre, Octavio, todo (haber) _____
   terminado entre nosotros.

6. Si me deja la vida, yo (tener) _____ que vivirla
   según mis convicciones.

7. Ya (tener) _____ usted ocasión de arrepentirse de lo
   que hoy hace.

8. No (poder) _____ ahogar la fe que tuvo usted.

9. Otros jóvenes (empuñar) _____ nuestras banderas.

10. (Pagar) _____ nuestra deuda.

PÁGINAS 106–112

A. Complete con la forma correcta del subjuntivo del verbo entre paréntesis:

1. Hoy creí poder hallar en ti algo que todavía (ser) _____ digno de mi cariño.

2. Para eso (haber) _____ sido necesario volver a ser el que fui hace treinta años, el muchacho rebelde que él evocaba.

3. Ahora soy otro; y aunque al oírlo (comprender) _____ que tal vez en su fe está la verdad, tengo que cerrar mis oídos y mi corazón a su llamado.

4. Y cuando se (descubrir) _____ todo, ¿qué será de él?

5. Tal vez (ser) _____ cierto.

6. Déjame seguir queriéndote, haz que (poder) _____ volver a respetarte.

7. Cuando (volver) _____ a este cuarto, encontraré a un extraño.

8. Pero a donde (ir) _____, recuérdenlo siempre, estaré con ustedes, pensando en ustedes.

9. Cuando me (haber) _____ ido, entregarás a Octavio este papel.

10. Dios mío. ¿Será posible que no (volver) _____ a verlo.

B. Escriba oraciones originales empleando las expresiones siguientes:

1. soñar en
2. respirar a plenos pulmones
3. detenerse
4. ser incapaz de
5. seguir luchando
6. despedirse de
7. tener cuidado
8. equivocarse
9. negarse a
10. mandar llamar

C. Complete las oraciones siguientes con la forma correcta de *por* o *para*:

1. Tú y los tuyos no son ya un peligro _____ nosotros.

2. Hoy voy a alejarme de ti, de todos ustedes, tal vez _____ siempre.

3. En mi niñez fuiste _____ mí un ideal inalcanzable.

4. Inventará algo _____ defenderse.

5. ¿Qué es la vida, papá? ¿_____ qué sirve?

6. Mamá dice que todo lo hiciste _____ nosotros.

7. Lo miro _____ última vez.

8. ¿Nos mandaste llamar? Sí; _____ despedirme.

9. Clara: gracias _____ todo el cariño que me has dado.

10. Antes de salir, me dió esto _____ ti.

▲▲▲▲▲▲▲▲

Vocabulario

▼▼▼▼▼▼▼

Only textual meanings are included in this vocabulary. In general, terms explained in the footnotes are not repeated. The following items are not included: easily recognizable cognates; articles; proper nouns; subject and object pronouns; numerals; possessives. Verbs are listed as infinitives. Stem-changing verbs are indicated in parentheses after the infinitives. Nouns and adjectives normally are listed in the masculine singular. Gender of nouns has not been given for masculine nouns ending in o, nor for feminine nouns ending in a. The abbreviations used are m. *for masculine and* f. *for feminine,* adj. *for adjective,* n. *for noun,* adv. *for adverb,* pron. *for pronoun,* p.p. *for past participle.*

A

abogado lawyer

abrazar to embrace

abrigo shelter, protection (*other:* coat, cover)

abrir to open

aburrimiento boredom

acabar to finish; — de (*plus inf.*) to have just (*plus p.p.*)

acaso perchance, perhaps

acariciar to caress

acercarse to approach

acceder to agree, to accede

aciago fateful

acorralar to corner, to trap

acostarse to go to bed, to lie down

actualmente at present

acudir to go

actuar to act

adelantar to advance

ademán *m.* gesture

adivinar to guess

adorno decoration

afán *m.* eagerness

afecto affection, love

afrontar to face, to confront

afuera outside

agotar to exhaust, to use up

agradecer to be grateful

agradecido grateful

agradecimiento gratitude

aguantar to endure, to tolerate, to hold on

ahogar to drown

aislada isolated

ajeno another's, belonging to someone else, alien

alarde display, ostentation

albergar to shelter, to harbor

alborotar to agitate, to stir up, to arouse, to make racket

alcalde *m.* mayor

alcanzar to reach, to obtain

alegar to allege

alejado far, distant

alejarse to go away, to get away, to go far away, to move away

algo *pron.* something; *adv.* somewhat

aliño care, neatness

alrededor around, about

altivo proud, haughty, arrogant

alto high

altura height

alzar to raise, to lift up

amargar to embitter

amarillento yellowish

amarrar to tie, to bind

amparar to shelter, to protect, to help

amparo shelter, protection

amplio ample, wide
anciano old man
angelote figure of an angel
angustia anguish, anxiety
angustioso full of anguish, causing anguish or sorrow
anónimo anonymous
antorcha torch
antirreeleccionista *m. f.* one who is against re-election
apagado turned off, extinguished
apagar to quench, to blow out, to turn off, to extinguish
apellido surname
apenas scarcely
apoyar to support, to back
apoyarse to lean on, to rest on
apoyo support, backing
aprecio appreciation
aprehender to apprehend, to catch, to capture
apresado captured, prisoner
apresar to seize, to capture, to take prisoner
aprovechar to take advantage of
arco arch
arquear to arch (eyebrow)
arquitectónico architectural
arrancar to pull out
arrebatar to snatch away, to grab
arreglar to fix, to set in order, to straighten

arrepentimiento repentance, contrition
arrepentirse (ie) to repent
arriba upstairs
arriesgarse to risk, to jeopardize, to endanger
arrodillarse to kneel
arruga wrinkle
asesinar to murder
asesinato murder, killing
asesino murderer
asentar (ie) to affirm
asentir (ie) to assent, to agree
así like this, thus
asunto affair, matter, business
asustar to frighten
atentado attempt
atormentar to torture
atravesar (ie) to walk across
atreverse to dare
avejentado aged, old in appearance
avergonzarse to be ashamed
avisar to notify, to inform
ayuda help
ayudar to help
ayuno fast, fasting
azotea rooftop

B

bala bullet
balanza scales
bandera flag

bañar to bathe

barrio district

barrote *m.* jail bar

bastar to suffice

bastardillas italics

bautizar to christen

belleza beauty

bendecir (i) to bless

besar to kiss

bienes *m.* wealth, material goods

bienvenido welcome

blando soft

boca mouth

bocado mouthful, bite, morsel

bodega cellar, warehouse

bombero fireman

borracho drunk

brillar to shine

brindis *m.* toast

brocado brocade

brusco rough

bueno good; ¿—? Mexican expression for "hello" on the telephone

buhardilla garret

burguesía bourgeoisie, middle class

buscar to get, to look for

C

cabal complete, perfect, true

cabecilla *m. f.* leader

cabellos hair

cabezón *m.* stubborn youth

cabresto rogue

cadena chain

caer to fall

cafetalero coffee grower

cajón *m.* drawer

callado silent, quiet

callar to shut up

calumnia slander

camino road, walk

campamento military camp

canijo rascal

cansado tired

cañonazos cannon shots

caoba mahogany

capaz capable

capricho whim

cara face

caramba darn it! confound it! well, I'll be darned!

caray *same as* **caramba**

cárcel jail

carecer to lack

cariño affection, love

cariñosamente with affection, with love

carne *f.* flesh

carretera highway

carta card, letter

cartera ministry, secretaryship

casarse to get married

castigar to punish

castigo punishment

castrar to castrate
casual coincidental, accidental
catear to search
cegar (ie) to blind
ceja eyebrow
celda jail cell
cena supper
cenar to have supper
cenizas ashes
cercana near, near by
cerebro brain
cerradura lock
cicatriz *f.* scar
ciego blind
cielo sky
claudicar to give up, to back down, to renounce
clausurar to close down
clemente mild
cobardía cowardice
cobertor cover; — **de plumas** feather cover
cobijo cover
cocinera cook
colérico angry
colgar (ue) to hang
colocar to place
colonia a district within Mexico City
comisaría police headquarters
comodidad comfort
compartir to share
complacer to please

complot *m.* plot, conspiracy
comprometido involved
condenar to condemn
confianza trust, confidence
confiar to entrust, to trust
conjunto total
conmover (ue) to move or touch (emotionally)
conmovido moved, touched
consagrar to dedicate, to consecrate
conseguir (i) to get, to gain, to attain, to obtain
consejero adviser, counselor
consejo advice; — **de familia** family council
consuelo consolation
contar (ue) to count, to tell; — **con** to count on
coraza armor, protection
crecer to grow
creciente growing, increasing
crepúsculo twilight
criterio criterion, judgment, discernment
cuadro scene (in a play an act is divided into "cuadros"); picture
cualquiera *adj.* any; *pron.* anyone
cuestión *f.* matter
cuidado care
cuidar to take care

culpa guilt; **tener —** to be guilty

culpable guilty

cumplir to fulfill, to carry on, to perform, to comply

cuñado brother-in-law

CH

chambrita little blouse, tunic

charola tray (Mexicanism)

chillar to scream

chiquillos youngsters

chisme *m.* gossip

D

debatir to struggle

deber duty

débil weak

decaer to decay, to fail, to languish, to decline

defraudar to defraud, to cheat, to let down

dejar to allow, to permit; **— de** to stop (doing something)

delantal *m.* apron

delatar to inform on, to accuse

delito violation of a law

demasiado too much

denuncia accusation

denunciar to accuse, to denounce

derecha right (hand)

derecho right, privilege

derrota defeat

derrotado defeated

derrotar to defeat

desafío challenge, duel

desaparecer to disappear

desarrollar to develop, to unfold

desatar to let loose

desbandada disbandment

descansar to rest; **echarse a —** to lie down to rest

descarga discharge, volley

descolgar (ue) to lift the receiver

desconfiar to distrust

descubrir to find out, to discover, to uncover

descuidar not to worry

desdicha misfortune, unhappiness

desdichado unhappy, unfortunate

desengaño disillusionment, disappointment

desertar (ie) to desert

desgarrado torn, ripped off

desgracia misfortune, accident

deshacer to destroy

desnudo naked

desorden *m.* disorder

despacho office

despertar to wake up

despedirse (i) to take leave, to say good-bye

desprenderse to break away

desprestigio lack of prestige

destrozar to break into pieces

destruir to destroy

desvalido destitute

detener (ie) to detain; **detenerse** to stop

deuda debt

de veras really, honestly

día day; — **con** — day by day

diario daily newspaper

dichoso happy, fortunate

dictadura dictatorship

dificultar to make something difficult, to present obstacles

digno worthy

diputado representative

dirigente *m.* leader

disculpar to excuse, to pardon

discurso speech

disgusto trouble, problem

disolver (ue) to dissolve, to break up

disparar to shoot, to fire

disparo gunshot

distinto different

disturbio disturbance

doblar to fold

doloroso painful

dorado gilded, golden

dramaturgo dramatist

duelo mourning, suffering

dueño master, owner

E

echarse to lie down

ejemplar *m.* copy (of a publication)

ejército army

elegir (i) to elect

empeorar to worsen

empleaducho insignificant employee

empujar to push

empuñar to clinch, to grasp, to seize

encabezar to lead, to be the head (of a movement or group)

encaminarse to walk towards

encarcelar to jail

encarecimiento rise in price

encargar to make someone responsible

encender (ie) to turn on (light)

encendido inflamed, glowing

encerrar (ie) to lock (someone) in

encomendar (ie) to entrust, to commend to

encuerado naked

encumbrado influential, high, mighty

enfrentarse to face

engañar to deceive

enjugar to wipe away (tears)

enojarse to get angry

enojo anger, annoyance

ensangrentar (ie) to cover with blood

en seguida at once

entendimiento understanding

enterarse to be informed, to find out

entregar to hand over, to hand in, to deliver

envidia envy

envolver (ue) to wrap

envolverse (ue) to be involved

época period, epoch

equivocado mistaken, wrong

equivocarse to be mistaken, to do the wrong thing, to take the wrong direction

esbelto graceful, slender

escándalo scandal, scene, exposure, commotion, tumult

escenario stage, setting

esclavo slave

escolta escort

escoltar to escort

esconder to hide

escupitina *f.* spit

esfuerzo effort

eslabón *m.* link

eso that; ¿**y — que?** and so what?

espalda back

espejo mirror

esperanza hope

esquina corner

estallar to explode, to burst

estar to be; **— a salvo** to be safe; **— comprometido** to be engaged; **— de acuerdo** to agree;

— dispuesto to be ready; **— interesado** to be interested

estironcito slight pull (torture)

estómago stomach

estrechar to hug, to embrace

estrella star

exaltados hot heads

exigir to demand

explicar to explain

exponerse to expose oneself to danger

extranjero foreigner; *adv.* abroad

extrañar to miss (a person)

extraño strange

evitar to avoid

evocar to evoke

F

fachada façade, front

falta mistake, error, fault; **hacerle — ** to miss, to need

faltar to be absent, to fail, to want; **— al deber** to fail to do one's duty

familiar relative

felicidad *f.* happiness

feroz fierce

ferozmente fiercely

fiera wild beast

filipina denim jacket used by servants

firma signature

firmar to sign

flaquear to flag, to weaken

foco center

fondo back (stage), background, down deep

forjar to build, to forge

fracaso failure

fregado rascal; *adj*. blasted

frente *f*. forehead

frescura freshness

fuente *f*. fountain

fuerza strength

fuga flight, escape

fugarse to flee, to escape

fusilar to execute by shooting

G

garantizar to guarantee

garganta throat

garra claw

género genre

gesto gesture

golpe *m*. blow

golpear to beat, to strike, to hit

gordo fat

gozoso happily

grave serious

gritar to shout, to scream, to yell

grueso heavy

guerra war

guía guidance, guide

guisar to cook

gusto taste, gratification, contentment

H

habitación *f*. room, bedroom

hacer to do, to make; — **falta** to be missed — **señas** to signal; **hace meses** months ago

hacia towards

hambre *f*. hunger

hambriento hungry

hecho *n*. deed, event, act, fact; *p.p. of* **hacer**

henequero jute grower

heredar to inherit

herido hurt, injured, wounded

herir (ie) to hurt, to injure, to wound

helar (ie) to freeze, to become cold

hilo wire

hogar *m*. home

hombrachón *m*. big, husky man

honradez honesty

honrado honest

horno oven

huérfano orphan

huir to flee, to escape

humilde humble

hundir to sink

I

ileso unharmed

impedir (i) to prevent

imperioso imperious, commanding

inalcanzable unattainable

incapaz incapable

incumbir to concern, to pertain, to be one's business

indigno unworthy

indumentaria clothing, garments

ingeniar to contrive

inquietud *f.* restlessness, concern, uneasiness

intachable irreproachable

íntegro honest, upright

intempestivamente untimely, at an odd hour

interno boarding pupil

interrogatorio interrogatory, cross-examination, interrogation

inundar to flood, to inundate

inútil useless

izquierda left (hand)

J

jardín *m.* garden

jarra jar, jug, pitcher

jefe *m.* boss, leader, chief

juez *m.* judge

jugador *m.* gambler, player

jugar (ue) to play

juguetero sideboard, shelf for figurines

jurar to swear

juvenil youthful, juvenile

juventud *f.* youth

juzgar to judge

L

lágrimas tears

lagrimón *m.* large tear

lana wool

larguísima extremely long

lanzarse to jump into

latir to beat (heart), to throb, to palpitate

lecturas readings

lejos far

lentamente slowly

letrina latrine

levemente slightly

leyes *f.* laws

licencia permission

licenciado attorney

lino linen

llamado call, calling

llevar to wear, to carry, to lead; — **una vida** to lead a life

local *m.* location, place

localizar to locate, to find

locura madness

lograr to achieve, to accomplish, to obtain

lozanía luxuriance, bloom, freshness

lúcido lucid, clear

lucir to display, to show off

lugar *m.* place

lujo luxury

M

machito he man

madurar to mature, to grow up

madurez *f.* maturity

maldad *f.* evil, wickedness

maldito cursed

mandar to send; — **llamar** to have someone called

manifestación demonstration

manifiesto public declaration

maniatar to tie the hands

marchitar to fade, to wilt, to wither, to languish

marco frame

marido husband

más more; — **allá** beyond

matar to kill

mayor older

mediante *adv.* by means of

medir to measure

mengua loss

menos less; — **mal** thank goodness

mentira lie

mequetrefe *m.* whippersnapper, underling

merecer to deserve, merit

mero the very (one)

merengue *m.* frosting

mesar to pull, to ruffle the hair

metros meters

mexicanidad *f.* Mexicanism, Mexican spirit

mezclar to mix, to combine

miedo fear; **dar** — to frighten

mocoso brat

moneda coin

monja nun

morador *m.* dweller

moreno dark, dark-haired

morir (ue) to die

mosca fly

mudo silent, mute

muebles *m.* furniture

muro wall

musitar to whisper, to murmur

mutilar to mutilate, to cripple

N

nacer to be born

nadita diminutive of **nada** (nothing)

negarse (ie) to refuse

negocio business

negruzco blackish

nieto grandson

niñez *f.* childhood

nobleza nobility

noticia news

novedad *f.* news

novelería curiosity

O

obedecer to obey

obligación duty, obligation

obligado compelled

obligar to force, to compel

obsequiar to give a present

ocultar to hide

ocuparse de to take care of

ocurrir to occur, to happen

ocurrírsele to come to one's mind

odiar to hate

ojalá would to God! God grant!

oler (ue) to smell

olor *m.* odor

opinar to voice an opinion

oprimido oppressed

opulento rich, opulent

ordenar to order

orgulloso proud

oscuridad *f.* darkness

oscuro dark

ostentar to boast, to show off

P

paliducho palish

pan bread, food

parada *n.* stop (of bus or street car)

paradero whereabouts

parecer to seem; **¿Le parece?** Do you think so?

pared *f.* wall

pariente relative

parlamento speech

pasaje *m.* passage

pasar to pass; — **hambres** to starve

paseador *m.* wanderer

pasear to pace, to walk, to stroll

pasillo hall

pastel cake

patria country, fatherland

paz *f.* peace

pedazo piece, morsel

pelear to fight, to struggle

peligro danger

peligroso dangerous

pelo hair

pensamiento thought

pensar (ie) to think; — **en** to think about

pensativo pensive

percatarse to notice, to become aware

perder (ie) to lose

periodista *m.* journalist

perjudicar to harm, to damage

perjudicial harmful

permanecer to remain, to stay

perseguir (i) to pursue, to be after someone, to persecute

pertenecer to belong

pesadilla nightmare

pese a que algunos escritores although some writers

pez *m.* fish

piedad *f.* pity

piedra stone

piel *f.* skin

pieza (teatral) play

pintoresco picturesque

planteamiento posing (of a question)

pleito Mexican for argument, quarrel

plena full; **en — ciudad** right in the middle of the city

plenamente fully, completely

pobreza poverty

poder *m.* power

podrido rotten

política politics

ponerse (*plus adj.*) to become; **— en su caso** to put oneself in somebody else's place

por by, for, through, along, for the sake of, because of; **— las buenas** in a nice way; **— vuestra cuenta** on your own; **— las dudas** just in case; **— suerte** luckily; **— supuesto** of course

porquería filth

porte presence, demeanor

porvenir future

preciso necessary

precortesiano before the time of Cortés

preferente preferred, preferential

premio prize, reward

preocupaciones *f.* worries

preocuparse to worry

presa *f.* dam

presentimiento foreboding, apprehension

preso jailed, imprisoned, prisoner

presuroso hastily

primero first; **primer término** foreground

probar to taste

procurar to try

prófugo fugitive, escapee

pronto quick, fast; **de —** suddenly

propio own

providencia measures

prueba trial, tribulation

Q

"quartier" French for a district in the city

quebrar (ie) to break, to fall apart

quedarse to remain

quedo softly, quietly

querer (ie) to wish, to want; **— decir** to mean

quieto quiet, still, orderly

R

rabia anger, rage

rasgo trait; **a grandes —s** roughly, in general

rasguño *m.* scratch

rasguñón a big scratch

rastacuera pretentious

rastro trail

recado message

reclamar to claim, to demand

recoger to pick up

recompensa reward

recorrer to run up and down

recuerdo souvenir, remembrance

recuperar to recover, to regain strength

recto righteous

recurrir to resort to

red *f.* net

redimir to redeem

reemplazar to replace, to take someone's place

reflejar to reflect

refugiarse to take shelter, to take refuge

regar to spread; — **chismes** to spread gossip

régimen *m.* regime, government

registrar to search

regresar to return

rehuir to shrink from, to avoid

reinstaurar to reinstate

relaciones *f.* contacts, relations

relente *m.* night dew, light drizzle

relumbrar to shine

rematado terminated, ended

rematar to cap, to finish, to give the final blow

remediar to remedy, to help

remorder to cause remorse; — **la conciencia** to feel guilty

renegar (ie) to renege

renuncia resignation

renunciar to give up, to resign

replegar (ie) to fall back

replicar to reply

reprochar to reproach

respuesta answer, reply

resucitar to resurrect

retirarse to leave, to retire

retorcer (ue) to twist, to squirm

reverso opposite

revés *m.* setback

revoltoso rioter, rebel, troublemaker

revolucionario revolutionary

rezar to pray

riesgo risk; **correr** — to run the risk

riqueza wealth, riches

risa laughter

ropa clothing

rostro face

roto broken; *p.p of* **romper**

rumorear to rumor

S

saber to know, to find out, to learn

sacar to pull out, to take out, to gouge out

sacudir to shake

sádico sadistic

salida exit

salir to go out, to come out

salvaje savage

salvoconducto safe-conduct

sangre *f.* blood

seguir (i) to follow, to continue, to go on

sembrar (ie) to sow

semejante similar

sendas (puertas) doors on each side

seno bosom, breast, chest

señalar to indicate, to point out

señas signals

sepultado buried

sepultar to bury

ser *m.* being

ser to be; — **incapaz** to be unable

siglo century

siguiente next, following

sillón *m.* armchair, easy chair

sindicato trade union

sin embargo nevertheless

siquiera not even

sobresaltarse to startle, to be frightened

soldadera camp follower

sollozante weeping, sobbing

sollozar to weep, to sob

soltar (ue) to let go

solterona old maid

sombra shadow

sombrío somber, gloomy

sonar (ue) to ring

soñar (ue) to dream

sonreir (i) to smile

sonrisa smile

sorpresa surprise

sospechar to suspect

suceso event

sueños dreams

suerte *f.* fate, destiny

sufragio suffrage

sumir to sink (emotionally)

suplicar to beg

suponer to suppose

surgir to spring up

suspender to call off, to suspend

suspirar to sigh

T

tal vez perhaps

taller *m.* workshop

tambalear to stagger

tapizadas (paredes) covered with wallpaper

tarambana *m.* good-for-nothing; *adj.* harebrained

tardar to delay

tarea task, job

techo roof, ceiling

tejer to knit

tejido *n.* knitting

telón *m.* curtain (in the theater)

temblar (ie) to tremble, to shiver

temer to fear

templo church

tender to extend; — **la mano** to shake hands

tener to have; — **cuidado** to be careful; — **la ocasión** to have the chance; — **miedo** to be afraid; — **que hacerlo** to have to do it; — **que ver con** to have to do with; — **razón** to be right

teniente *m.* lieutenant

ternura tenderness

terciopelo velvet

terco stubborn

terraza terrace

terreno land, soil

testigo witness

tiernamente tenderly

timbre *m.* door bell

tiniebla darkness

tirar to throw

tiritante shivering

título degree

todavía still

tontería foolishness

topar (con) to run into

torpe dull, heavy

trabajador hard-working

traicionar to betray

tranquilizar to calm down

transcurrir to pass away, elapse

trascendencia importance, consequence, transcendence

trastornar to upset, to disturb, to derange

tratar to try; **tratarse de** to be a question of, to be a matter of

trazar to trace, to mark out

triste sad

tristeza sadness

U

último last

único only

unido joined, united

unir to join

unos some; — **cuantos** a few

uñas nails

V

vacío empty; *n.* vacuum

vacilar to hesitate

valioso valuable

vecino beside, near, next to (as a noun it means neighbor)

vela vigil

verdugo executioner

vengar to avenge

verter (ie) to shed, to spill

vestir (i) to dress

vicioso vice-ridden

vigilado watched, guarded

vigilar to watch, to guard

vínculo ties, relationship
voluntad *f.* will, effort
volver (**ue**) **a** (*plus inf.*) to do
  something again

voto vote

Y

yerno son-in-law

Format by Jeanne Ray Juster
Set in Monotype Bembo
Composed by William Clowes and Sons, Limited
Printed by The Murray Printing Company
Bound by The Murray Printing Company
HARPER & ROW, PUBLISHERS, INCORPORATED

DATE DUE			
MAY 7 '71			
	E. Jung		
FEB 8 '79			
GAYLORD			PRINTED IN U.S.A.